Janne Graf • Brigitte Fischer

Stricken lernen

Das 15-Projekte-Einsteigerprogramm

OZ creativ

VORWORT

Janne Graf ist verantwortlich für Konzept, Entwürfe und Texte.

Brigitte Fischer ist in Sachen Stricken topfit und zeichnete alle Lehrgangsbilder.

Liebe Leserinnen, liebe Leser,

von A wie Anschlag bis Z wie Zusammennähen – wir fangen ganz am Anfang an und zeigen Schritt für Schritt in Wort und Bild wie das Maschenspiel funktioniert. Und zwar ganz nah an der Praxis: Von der ersten Seite an entstehen coole Stricksachen, die Spaß machen! So begleitet Sie der Strickerfolg vom ersten bis zum letzten Modell.

Wenn Sie also Ihr neues Kuschelkissen stolz aufs Sofa legen, sind Sie in Sachen Maschenanschlag und rechte Maschen schon perfekt. Da wird das nächste Projekt gern in Angriff genommen, Sie stricken einen trendy Schal und lernen ganz nebenbei, was linke Maschen sind.

So geht es weiter, Projekt für Projekt, Erfolg nach Erfolg, und am Ende können Sie richtig gut stricken und haben dazu schon eine Menge tolle Sachen produziert. Die ganze Vielfalt der Möglichkeiten zeigt sich in der Modellauswahl – vom Pulli bis zur Socke, von der Jacke bis zum Kuscheltier, hier ist alles vorhanden, was Maschen hat.

Alles, wirklich alles, was Sie dabei übers Stricken wissen müssen, zeigen wir Bild für Bild im Lehrgang und Sie bauen so nach und nach die nötigen Fachkenntnisse auf. Leicht, schnell und mit sicherem Erfolg – so ist das ein Vergnügen. Stricken Sie mit!

Viel Spaß dabei wünschen

Janne Graf & Brigitte Fischer

Zur Orientierung:
Pfeilchen mit Seitenzahl (▸ 5) erinnern im ganzen Buch daran, wo der passende Grundkurs zum Thema steht.

INHALT

Projekt 1

Trendkissen

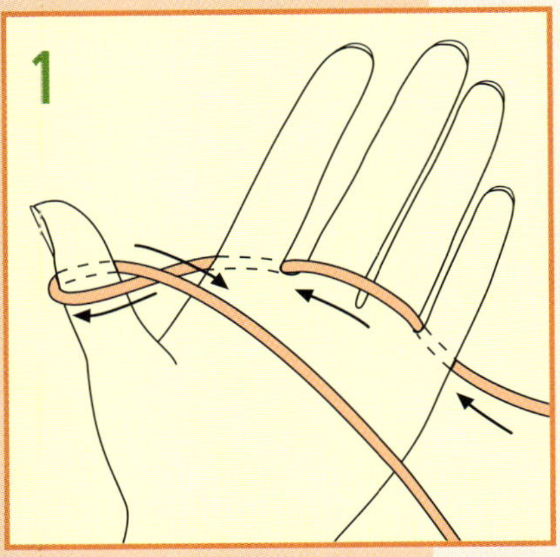

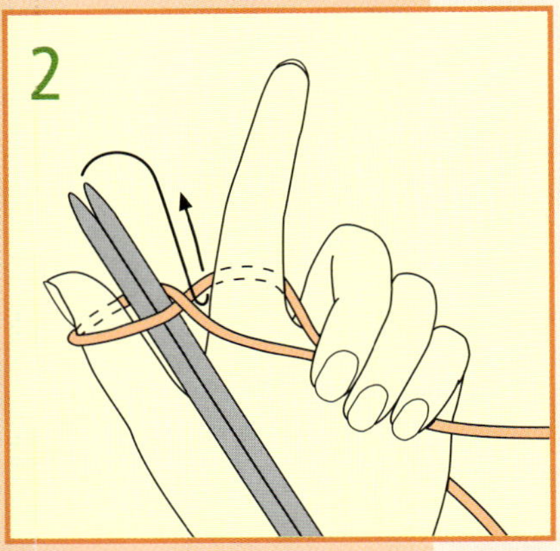

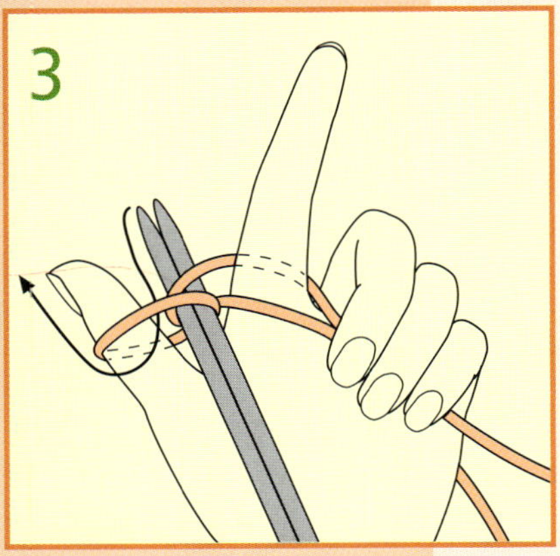

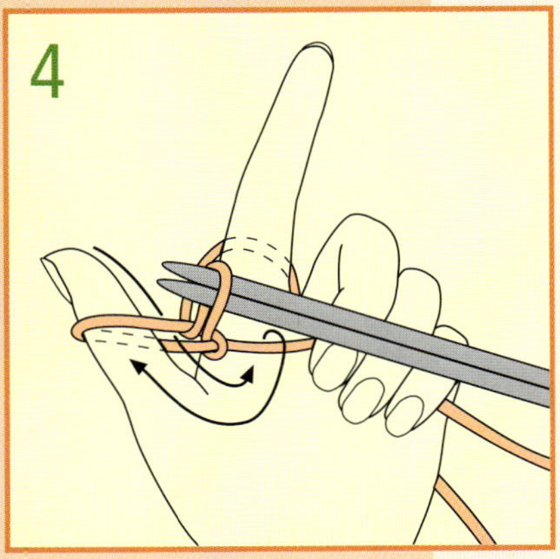

Der Einstieg ins Stricken: Die Kissenhülle nur aus rechten Maschen! Sieht gut aus und gelingt garantiert.

Kissenhüllen aus Tweedgarn

Größe:
30 x 30 cm

Material pro Kissen:
- „Royal Tweed" von Lana Grossa (100 % Merino, Lauflänge 100 m/ 50 g): je 150 g in Natur 29, Beige 1 und Hellbraun 13
- Stricknadeln Nr. 5

So wird es gemacht:
Für eine Kissenhülle 45 Maschen anschlagen.

Grundkurs

Maschenanschlag
Der Anschlag wird mit 2 Nadeln gearbeitet, die 2. Nadel herausziehen, wenn die gewünschte Maschenzahl erreicht ist. Zunächst großzügig Faden vom Knäuel abwickeln: Etwa 2 cm pro Masche plus ca. 20 cm Zugabe. In diesem Fall also ca. 110 cm.

1. An der so abgemessenen Stelle den Faden fassen und wie im Bild gezeigt um die linke Hand legen. Der Faden des Knäuels kommt vom kleinen Finger, das abgemessene Fadenende verläuft vom Daumen in die Hand.

2. Die Nadeln in die Daumenschlinge schieben und dann den Faden, der vom Zeigefinger kommt, fassen.

3. Diesen Faden mit den Nadeln durch die Daumenschlinge ziehen.

4. Jetzt den Daumen aus der Schlinge ziehen, unter den vorderen Faden schieben und den Faden, durch Strecken des Daumens in die Ausgangsposition, festziehen. Jetzt liegt die erste Masche auf den Nadeln.

5. Mit den Nadeln den Faden, der vor dem Daumen liegt, fassen.

6. Dann mit den Nadeln wieder den Faden des Zeigefingers fassen und ihn durch die Daumenschlinge ziehen.

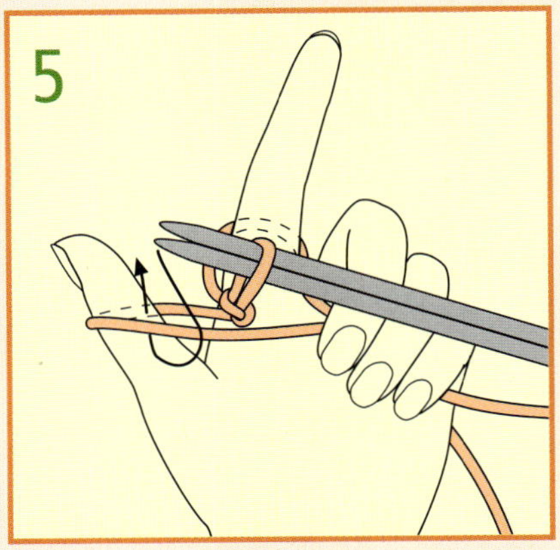

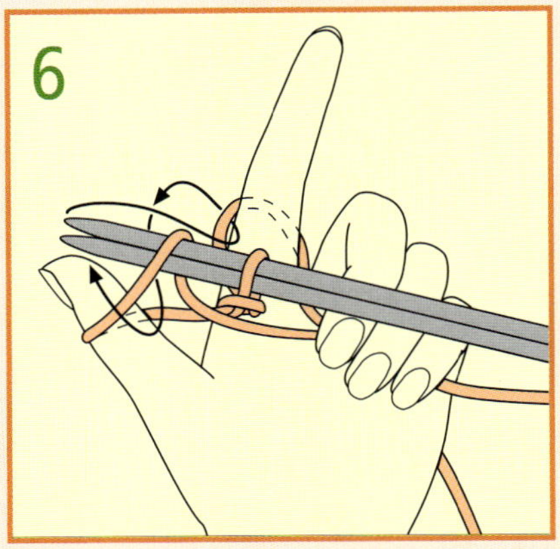

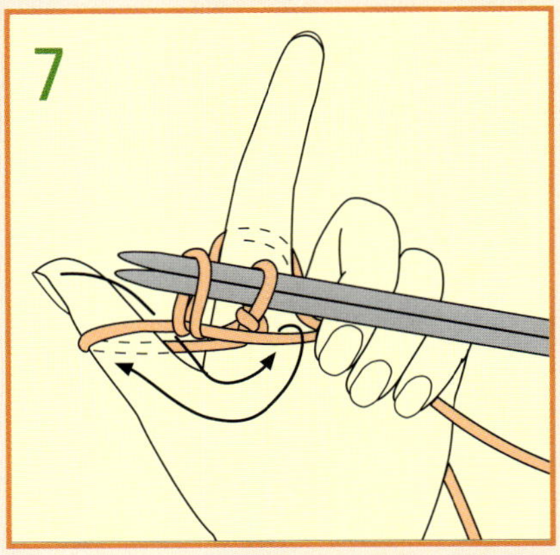

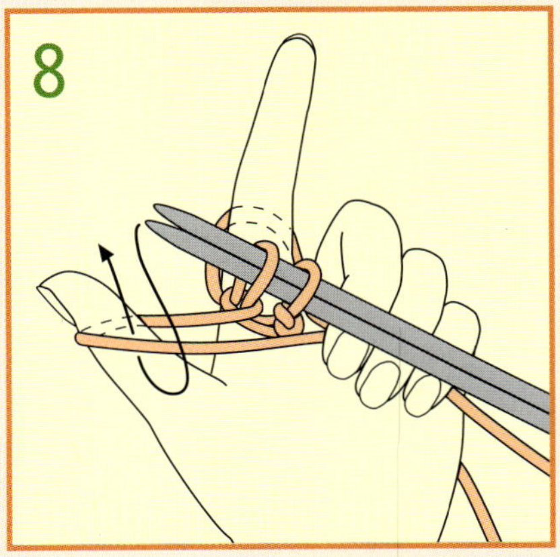

7. Den Daumen aus der Schlinge ziehen, ihn unter den vorderen Faden schieben …
8. … und den Faden, durch Strecken des Daumens in die Ausgangsposition, festziehen. Jetzt liegt die zweite Masche auf den Nadeln. Alle weiteren Maschen genauso arbeiten, die Schritte 5 bis 8 also so lange wiederholen, bis die gewünschte Maschenzahl erreicht ist. Nachdem alle Maschen angeschlagen sind, die 2. Nadel herausziehen

Fortsetzung Seite 8

Projekt 1

Fortsetzung von Seite 7

Die Kissenhülle wird nur mit rechten Maschen gestrickt.

Grundkurs

Rechte Maschen stricken

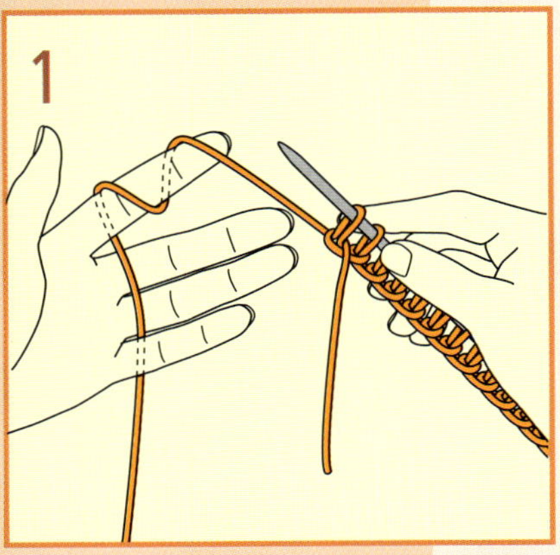

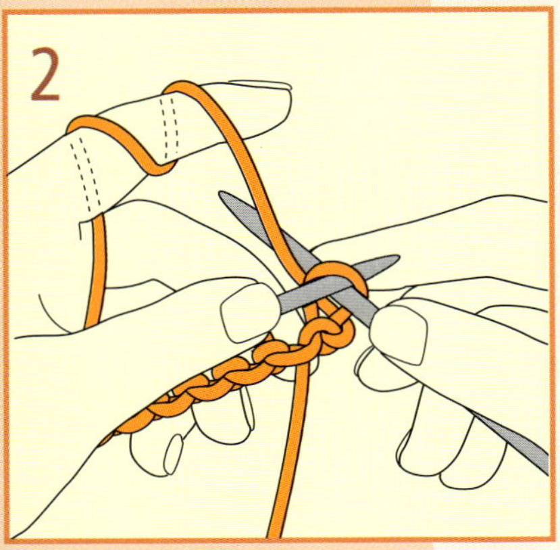

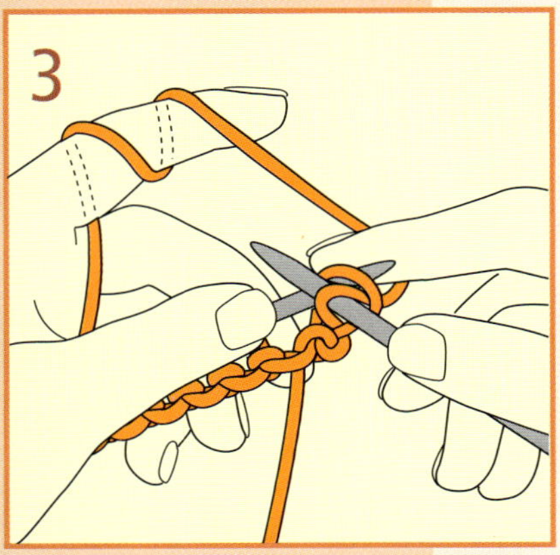

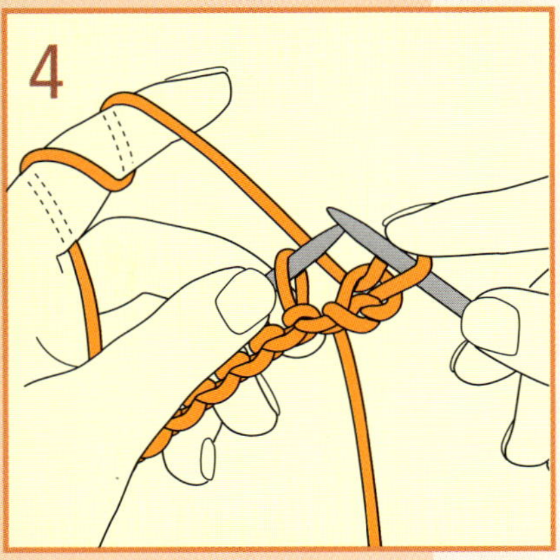

1. Die Nadel mit den angeschlagenen Maschen in die rechte Hand nehmen, den vom Knäuel kommenden Faden, wie im Bild gezeigt, um die linke Hand wickeln.
2. Dann die Nadel mit den Maschen in die linke Hand nehmen, den Zeigefinger ausstrecken. Der Faden liegt hinter den Anschlagmaschen. Die zweite Nadel in die rechte Hand nehmen und damit von vorn in die erste Masche stechen.
3. Den Faden fassen und durch die Masche ziehen.
4. Die Masche von der linken Nadel gleiten lassen. Auf der rechten Nadel liegt jetzt die erste rechte Masche.
5. Die Maschen auf der rechten Nadel mit dem Daumen zurückhalten, die nächste Masche auf der linken Nadel mit dem Mittelfinger Richtung Nadelspitze schieben. Mit der rechten Nadel von vorn in die nächste Masche der linken Nadel stechen. Schritt 3–5 stets wiederholen bis alle Maschen von der linken auf die rechte Nadel gewandert sind. Die erste Reihe ist fertig.
6. Die zweite und alle folgenden Reihen genauso arbeiten, dazu muss nach jeder Reihe die Nadel mit den Maschen gewendet werden. Fadenführung und Handhaltung ist immer wie in 2 beschrieben.

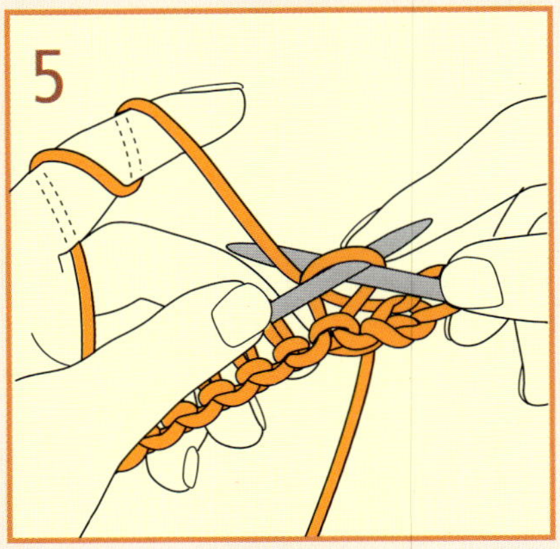

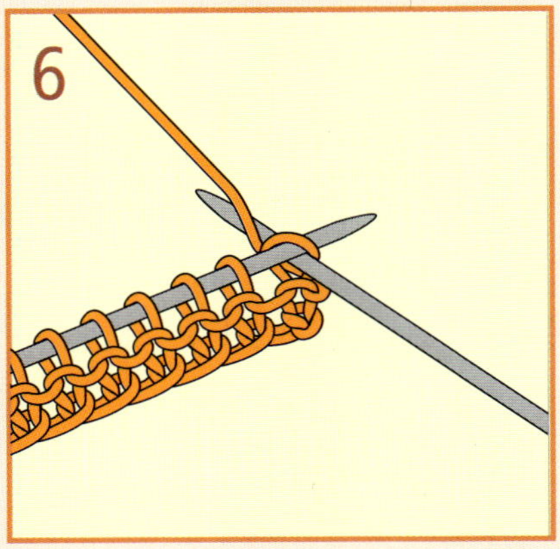

Nach 218 Reihen (= 72 cm ab Anschlag) alle Maschen abketten.

Grundkurs

Maschen abketten

1. Die ersten beiden Maschen stricken. Dann mit der linken Nadel in die erste Masche einstechen, sie über die zweite Masche legen und mit der rechten Nadel die zweite Masche durch die erste Masche ziehen.

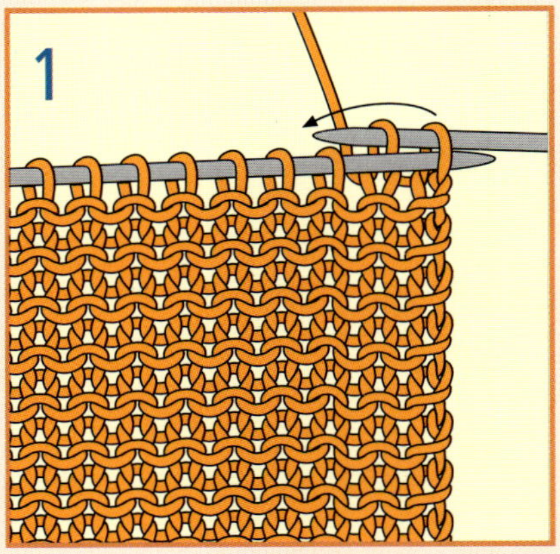

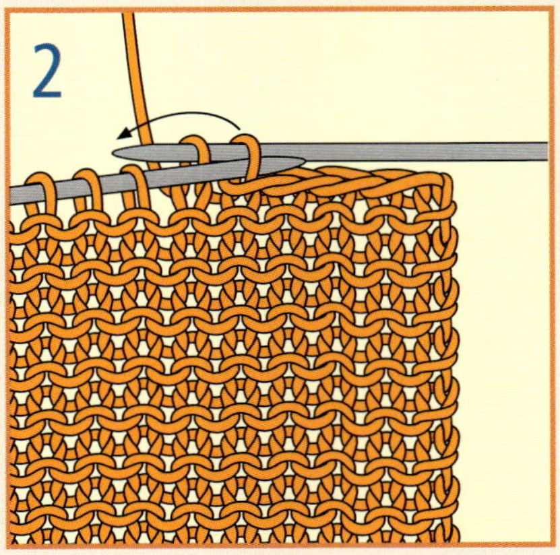

2. Die nächste Masche stricken und die vorherige Masche wie in 1 beschrieben darüberziehen. Diesen Vorgang so lange wiederholen, bis alle Maschen abgekettet sind. Faden abschneiden und durch die letzte Masche ziehen.

Die Fäden vernähen (▸ 30).
Dann das Gestrickte so zusammenlegen, dass eine Tasche von 30 x 30 cm entsteht. Oben stehen 12 cm für den Umschlag über. Diesen nach innen zwischen Vorder- und Rückteil legen. Entlang der äußeren Kante rechts und links die Naht mit Steppstichen schließen. Beim Umschlag wird dabei durch drei Strickteile hindurch genäht.

1

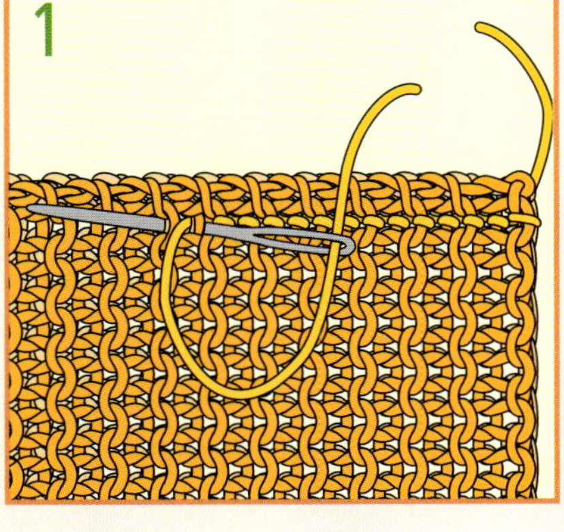

Grundkurs

Steppnaht

1. Die Steppnaht wird zwischen den 1. und 2. Maschen gearbeitet. Beim Ein- und Ausstechen möglichst nicht in den Faden, sondern zwischen die Maschen stechen. Die Teile exakt aufeinander legen, evtl. mit Stecknadeln fixieren. Mit der Nadel von hinten nach vorn durch beide Teile stechen, einen Stich nach rechts zurück (Rückstich) arbeiten, die Nadel auf der Rückseite nach links führen und vor der letzten Ausstichstelle wieder ausstechen. Bei allen weiteren Steppstichen beim Rückstich in die vorherige Ausstichstelle stechen.

Die Kissenhülle wenden, so dass die Nähte nun innen liegen, den Umschlag über die Öffnung legen.

Kissenhüllen Kunterbunt

Für alle, die gern Farbe bekennen: Die bunte Kissen-Variante in Orange, Grün und Türkis.

Größe:
30 x 30 cm

Material:
- „Qualität Dasolo" von Lana Grossa (87 % Merino, 13 % Polyamid, Lauflänge 75 m/50 g): je ca. 150 g Orange 3, Türkisblau 5 und Apfelgrün 6
- Stricknadeln Nr. 7

So wird es gemacht:
Für ein Kissen 36 Maschen anschlagen (▸ 6) und 168 Reihen rechte Maschen (▸ 8) stricken. Dann alle Maschen abketten (▸ 8), wie bei den Tweedkissen beschrieben zusammennähen.

Projekt 2

Lizenz zum Kuscheln

Kaschmirschal in Zartrosa

Größe:
250 x 30 cm

Extra lange Schals sind das perfekte Training für rechte und linke Maschen.

Material:

- „Pashmina" von Lana Grossa (22% Cashmere, 78% Merino, Lauflänge 125 m/50 g): ca. 500 g Rosa 5
- Stricknadeln Nr. 4,5

So wird es gemacht:
113 Maschen anschlagen (▸ 6) und im Rippenmuster stricken: 3 Maschen rechts (▸ 8), 3 Maschen links im Wechsel.

Grundkurs

Linke Maschen stricken

1. Im Gegensatz zur rechten Masche liegt bei der linken Masche der Faden vor der Nadel. Mit der rechten Nadel von rechts nach links in die Masche einstechen.

2. Den Faden von vorn nach hinten um die Nadelspitze schlingen und durch die Masche holen.

3. Die Masche von der linken Nadel gleiten lassen; auf der rechten Nadel liegt jetzt eine linke Masche.

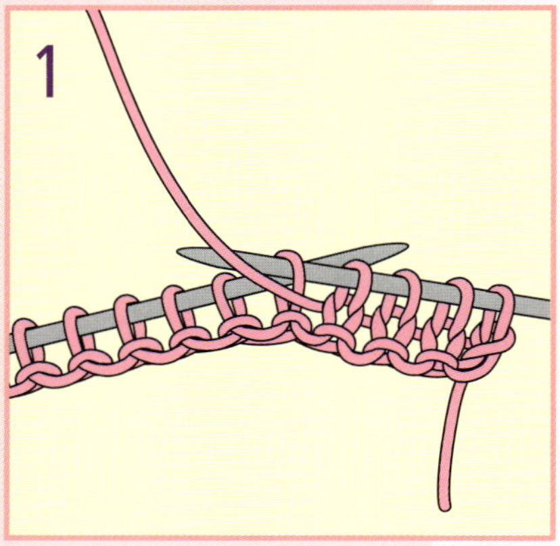

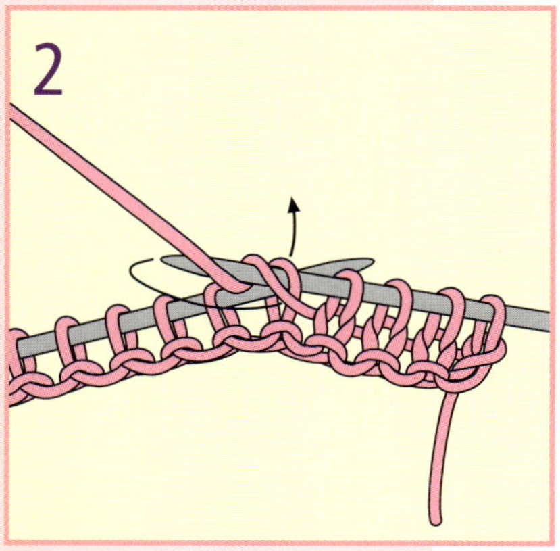

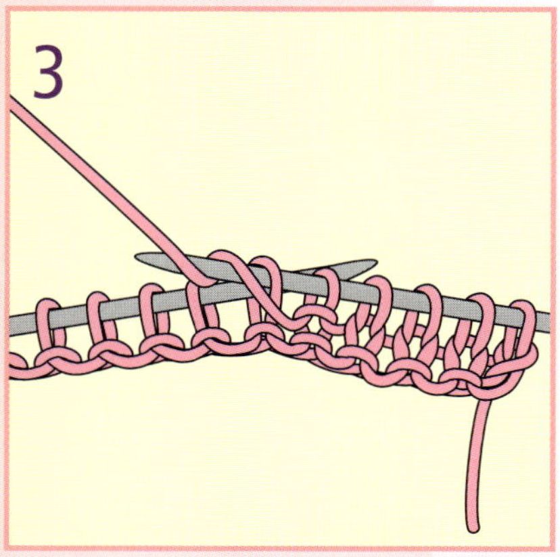

In den Rückreihen die Maschen stricken, wie sie erscheinen. Also: rechte Maschen rechts, linke Maschen links stricken. Die erste und die letzte Masche jeder Reihe bilden später die Kanten des Schals. Für schöne Kanten ist daher die Strickart dieser Randmaschen entscheidend.

Grundkurs

Knötchenrand

1. Die erste Masche jeder Reihe stets rechts abheben. Dabei liegt der Arbeitsfaden hinter der Nadel.

2. Die letzte Masche jeder Reihe stets rechts stricken.

3. Es ergibt sich ein etwas festerer Abschluss. Hier im Bild ist der rechte Rand (in der Hinreihe) gezeigt.

4. So sieht der linke Rand (in der Hinreihe) aus.

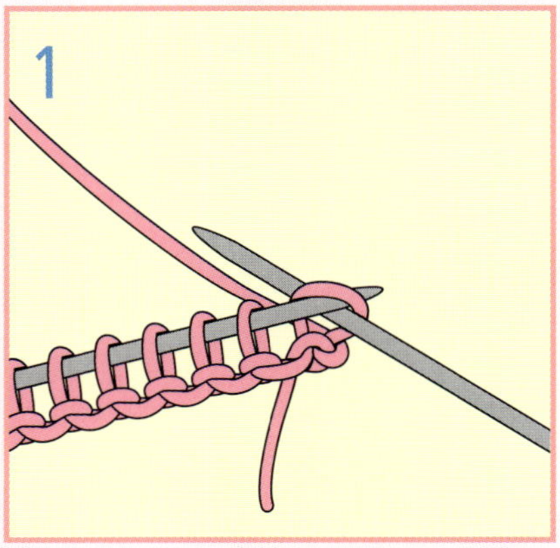

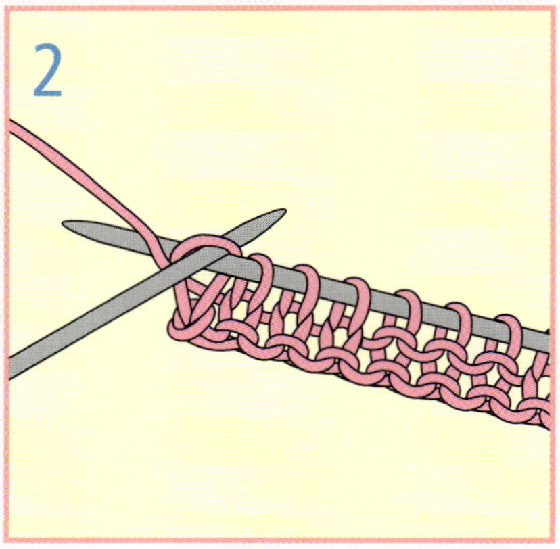

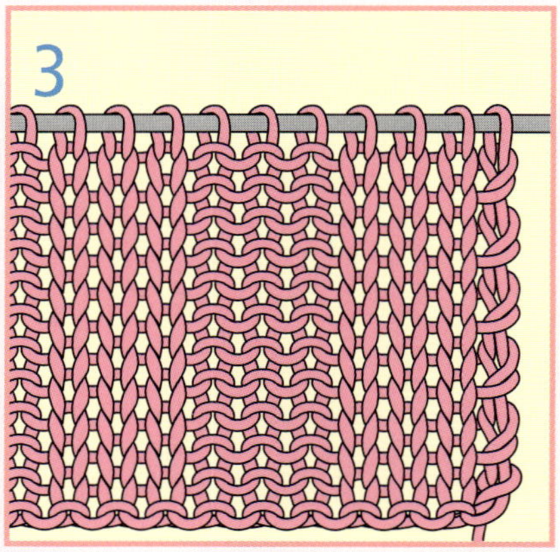

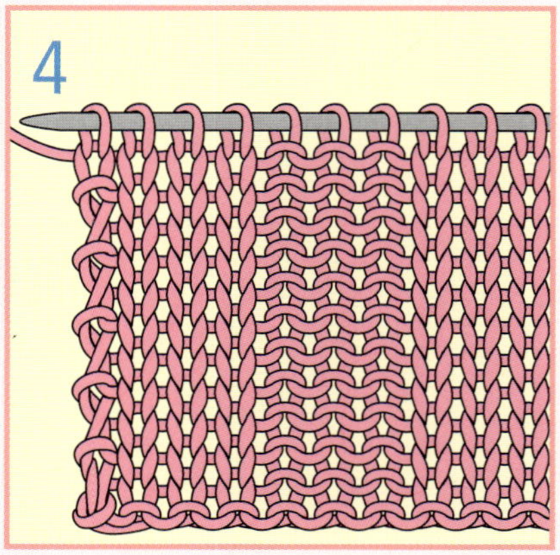

250 cm im Rippenmuster stricken, dann alle Maschen abketten. Die Fäden vernähen (▸ 30).

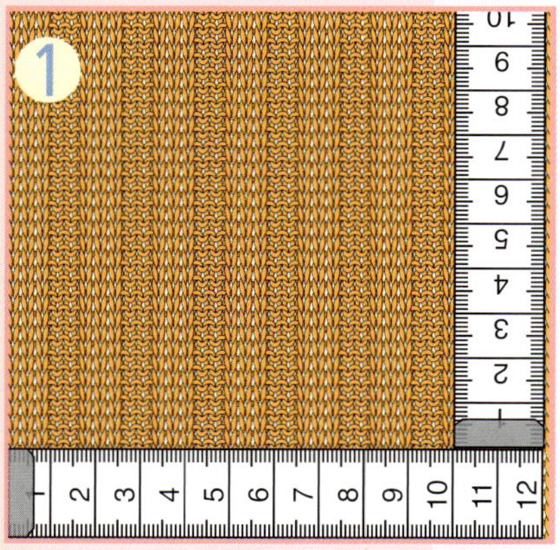

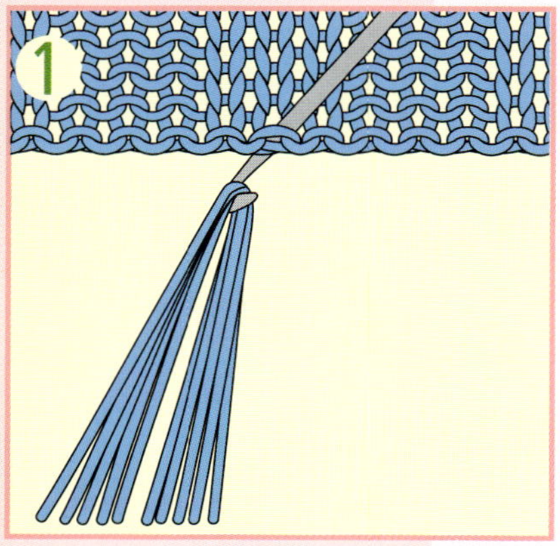

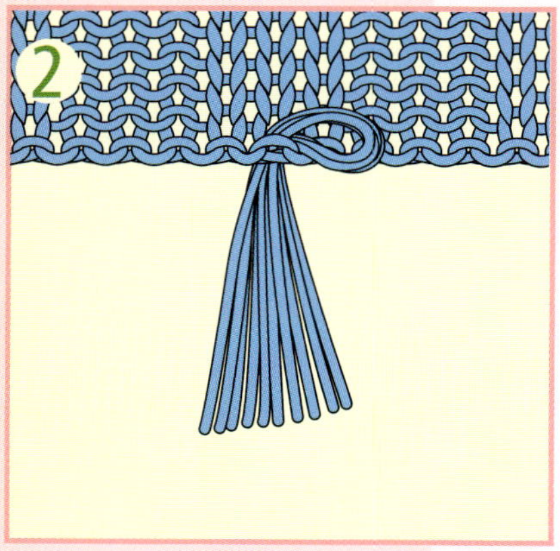

Merinoschals in verschiedenen Farben

Die Maschenprobe verrät, wie viele Maschen und wie viele Reihen gestrickt werden müssen. Und zum Schluss knüpfen Modemutige Fransen an den Schal.

Größe:
200 x 25 cm

Material:
- „Cool Wool 2000" von Lana Grossa (100 % Merino, Lauflänge 160 m/ 50 g): je ca. 450 g (+ 50 g für die Fransen) Orange 506, Mint 508, Pink-Weiß-Orange-Print 726 oder Mint-Blau-Weiß-Print 728
- Stricknadeln Nr. 4
- Häkelnadel Nr. 4 (für die Fransen)

Rippenmuster: 3 Maschen rechts (▸ 8), 3 Maschen links (▸ 10) im Wechsel. In den Rückreihen die Maschen stricken, wie sie erscheinen.

Maschenprobe im Rippenmuster (leicht gedehnt gemessen): 33 Maschen und 30 Reihen = 10 x 10 cm.

So wird es gemacht:

Stricken ist ganz individuell; einer strickt lockerer, der andere fester. Damit alle Strickteile den gewünschten Maßen entsprechen, gibt es die

Grundkurs

Maschenprobe
In jeder Anleitung wird eine Maschenprobe vorgegeben, die beim Stricken eingehalten werden muss, sonst wird das Strickstück größer oder kleiner als in den Schnittmaßen angegeben. Dies gelingt durch die Wahl der richtigen Nadelstärke.
1. Zunächst eine Strickprobe anfertigen und prüfen, ob dieselbe Maschen- und Reihenzahl erreicht wird, wie vorgegeben. Dafür ein mindestens 12 x 12 cm großes Stück im angegebenen Muster stricken und dann nachzählen: Wie viele Maschen in der Breite und wie viele Reihen in der Höhe ergeben 10 x 10 cm. Hat die Probe mehr Maschen als in der Maschenprobe angegeben, lockerer stricken oder 1/2 bis 1 Stärke dickere Nadeln nehmen. Hat die Probe weniger Maschen, heißt es fester stricken oder dünnere Nadeln verwenden.

89 Maschen anschlagen (▸ 6) und im Rippenmuster stricken. Die Randmaschen als Knötchenrand (▸ 10) stricken. Nach 200 cm (= 600 Reihen) alle Maschen abketten (▸ 8). Die Fäden vernähen (▸ 30).

Grundkurs

Fransen einknüpfen
1. Für jedes Fransenbündel 5 Fäden von 41 cm Länge zuschneiden (Fadenlänge = Fransenlänge x 2 + 1 cm). Mit der Häkelnadel durch eine Abkettmasche stechen und die Fäden in der Mitte fassen.
2. Die Fäden vorsichtig durch die Abkettmasche ziehen, so dass eine Schlinge entsteht.
3. Mit der Häkelnadel von rechts nach links in die Schlinge einstechen, die Fäden fassen und durch die Schlinge ziehen. Fest anziehen.

Die Fransen in regelmäßigen Abständen jeweils in die mittlere Masche der rechts gestrickten Rippe des Rippenmusters einziehen.

Projekt 3

Coole Handwärmer

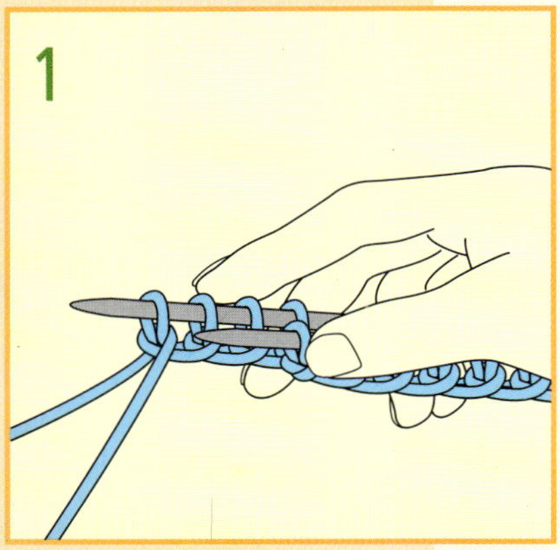

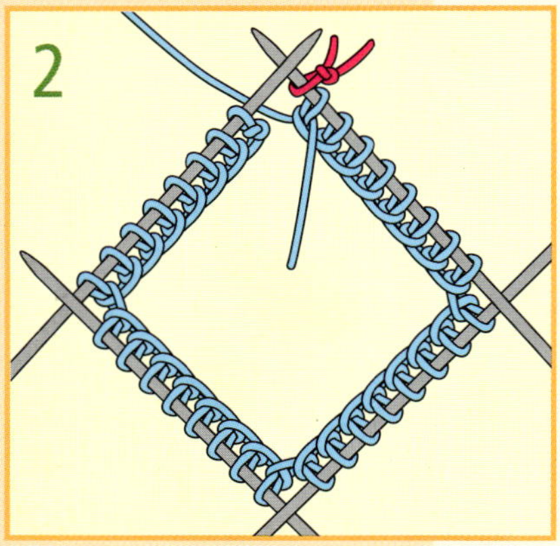

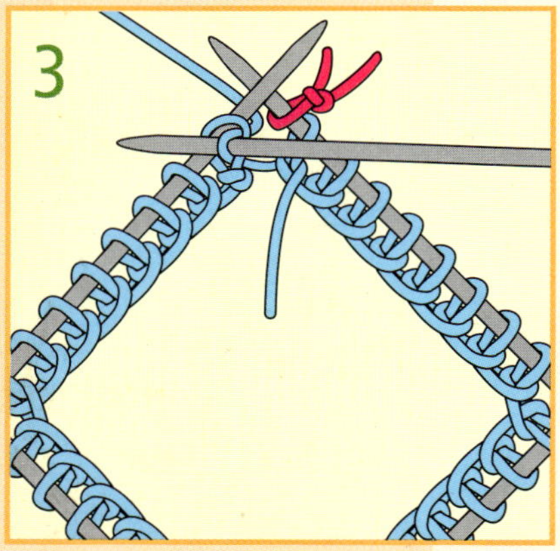

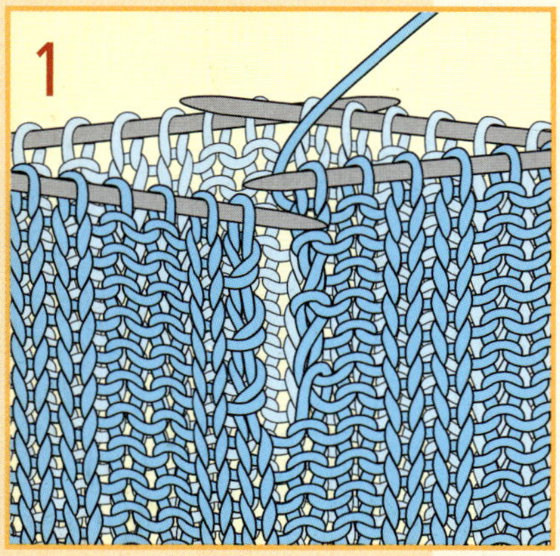

Handstulpen halten schön warm, sehen cool aus und bewahren das Fingerspitzengefühl. Sie werden in Runden gestrickt, das ist ein wenig knifflig, aber nach und nach geht es immer besser.

Handstulpen

Größe:
25 cm lang, 20 cm Umfang

Material:
- „Numero Uno Print" von Lana Grossa (100 % Schurwolle, Lauflänge 125 m/50 g): ca. 100 g Pink-Orange-Blau-Gelb 527
- Nadelspiel Nr. 3,5
- Häkelnadel Nr. 3,5

Rippenmuster: 2 Maschen rechts (▸ 8), 2 Maschen links (▸ 10) im Wechsel. In den Rückreihen die Maschen stricken, wie sie erscheinen.

Maschenprobe (▸ 12) im Rippenmuster (leicht gedehnt gemessen): 24 Maschen und 28 Reihen = 10 x 10 cm.

So wird es gemacht:
Die Stulpen werden mit 5 Nadeln in Runden im Rippenmuster gestrickt.

Grundkurs

Rundstricken mit Nadelspiel
1. 48 Maschen anschlagen (▸ 6), allerdings nur mit einer, nicht mit doppelt gelegten Nadeln. Bereits beim Anschlag die Maschen gleichmäßig auf 4 Nadeln verteilen. Sind 12 Maschen auf der 1. Nadel angeschlagen, die zweite parallel dazu und direkt darüber halten, so dass die Spitze etwas vorsteht. Dann wiederum 12 Maschen auf der 2. Nadel anschlagen und so fort, bis 48 Maschen auf den 4 Nadeln liegen.
2. Die 4 Nadeln zu einem Quadrat legen, dabei darauf achten, dass die unteren Kanten aller Maschen nach innen weisen und keine Maschen verdreht sind. Das Fadenende markiert den Rundenanfang, evtl. zusätzlich den Rundenanfang nach der letzten angeschlagenen Masche mit einem andersfarbigen Faden markieren. Diese Markierung wandert beim Stricken mit nach oben und zeigt an, nach welcher Masche eine Runde abgeschlossen ist.
3. Mit der fünften Nadel die erste Anschlagmasche stricken; dadurch schließt sich die Runde. Den Faden dabei fest anziehen, damit keine Lücke entsteht. Sind die ersten 12 Maschen gestrickt, mit der frei gewordenen Nadel die zweite Nadel abstricken und so fort bis die ganze Runde gestrickt ist. Die Markierung nach jeder Runde abheben; sie wandert sozusagen mit.

13 cm in Runden im Rippenmuster stricken.

Grundkurs

Daumenloch
1. Dann für das Daumenloch 5 cm in Reihen stricken, dabei die Randmaschen als Knötchenrand (▸ 10) arbeiten. Nun wieder zur Runde schließen und noch 7 cm Rippenmuster in Runden stricken. Alle Maschen abketten (▸ 8). Fäden vernähen (▸ 30). Beim Daumenloch die Kanten mit einer Reihe fester Maschen umhäkeln (▸ 48). Die zweite Handstulpe genauso arbeiten.

Schön bei Wind & Wetter

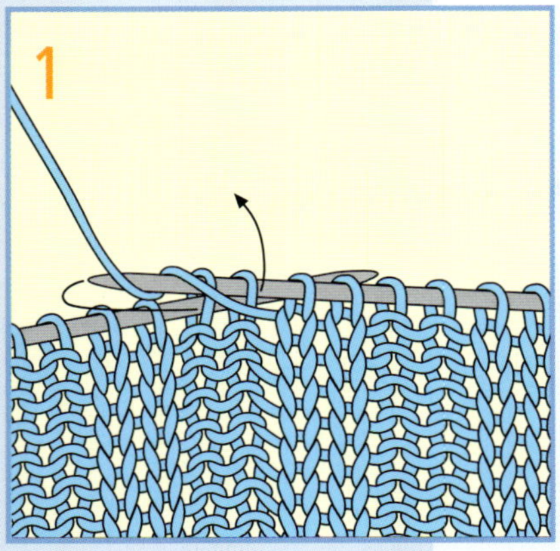

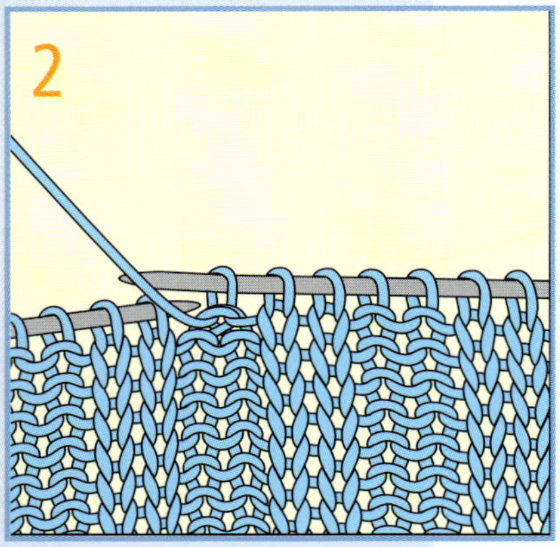

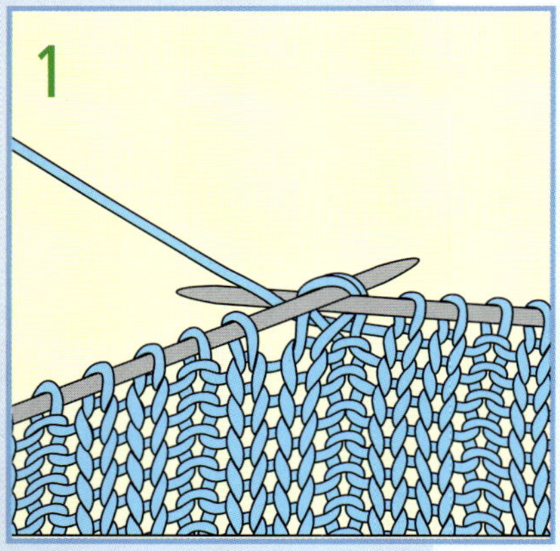

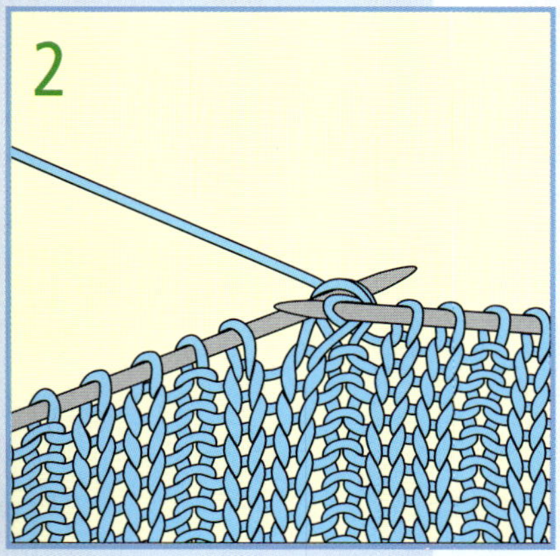

Diese Mützen werden in Runden als Schlauch gestrickt. Damit sie oben schön rund sitzen werden Maschen zusammengestrickt, so dass die Maschenzahl abnimmt. Nach diesem Projekt sind also auch Abnahmen gebongt.

Umschlagmütze

Kopfumfang:
48–60 cm

Material:

- „Bingo chiné" von Lana Grossa (100 % Schurwolle, Lauflänge 80 m/50 g): ca. 150 g Hellblau 513
- Nadelspiel Nr. 4,5

Rippenmuster 1 in Runden: 2 Maschen rechts (▸ 8), 2 Maschen links (▸ 10) im Wechsel.
Rippenmuster 2 in Runden: 2 Maschen rechts (▸ 8), 1 Masche links (▸ 10) im Wechsel.
Glatt rechts in Runden: Nur rechte Maschen stricken.
Maschenprobe (▸ 12) im Rippenmuster 1: 24 Maschen und 28 Reihen = 10 x 10 cm.

So wird es gemacht:

Die Mütze wird in Runden gestrickt (▸ 14). 100 Maschen anschlagen (▸ 6) und 19 cm = 54 Runden im Rippenmuster 1 stricken. Dann jeweils die beiden linken Maschen links zusammenstricken.

Grundkurs

Maschen links zusammenstricken

1. Wie bei einer linken Masche den Faden vor legen, von rechts nach links durch beide Maschen stechen und den Faden durchholen.
2. Die Maschen von der linken Nadel gleiten lassen; aus zwei linken Maschen ist eine linke Masche geworden.

Über die verbleibenden 75 Maschen im Rippenmuster 2 weitere 14 Runden stricken. Dann jeweils die linken Maschen mit der folgenden rechten Masche rechts zusammenstricken.

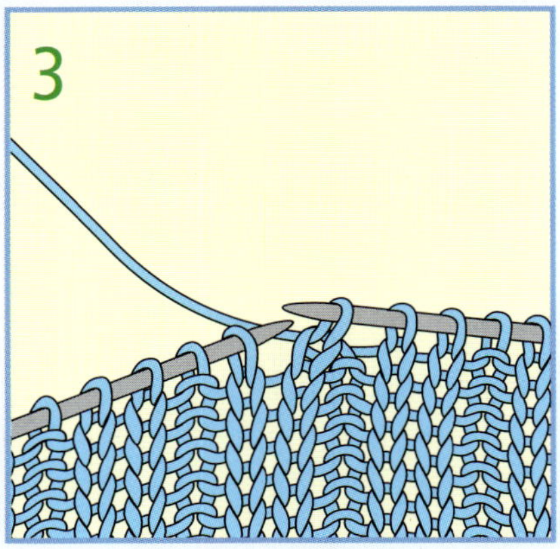

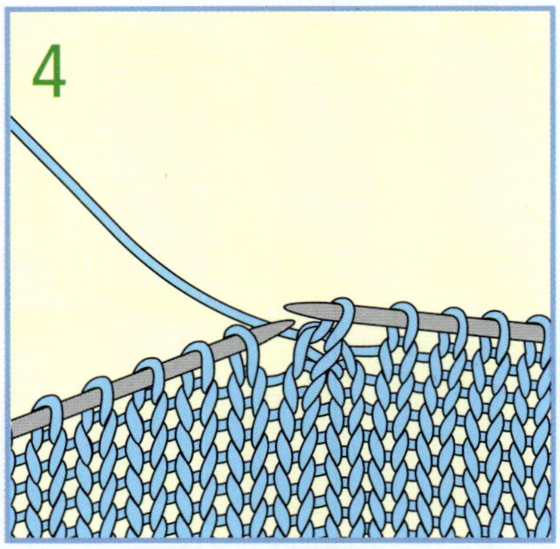

Grundkurs

Maschen rechts zusammenstricken

1. Wie bei einer rechten Masche liegt der Faden hinter der Arbeit. Mit der rechten Nadel von links nach rechts durch beide Maschen stechen.
2. Den Faden durchholen.
3. Die Maschen von der linken Nadel gleiten lassen; aus zwei Maschen ist eine rechte Masche geworden.
4. Zwei rechte Maschen werden genauso rechts zusammengestrickt, wie in 1–3 beschrieben. Dabei wird entsprechend aus zwei rechten Maschen eine rechte Masche.

Bei der Abnahme kommt es vor, dass die letzte Masche einer Nadel mit der ersten Masche der nächsten Nadel zusammengestrickt wird. Beim Zusammenstricken müssen die Maschen immer nebeneinander auf einer Nadel liegen. Daher die letzte Masche mit der linken Nadel nur abheben, und sie dann erst mit der nächsten Masche zusammenstricken.

Über die verbleibenden 50 Maschen glatt rechts in Runden weiterstricken. Dabei gleichzeitig weiter wie folgt abnehmen: 1. Runde: jeweils die 4. und 5. Masche rechts zusammenstricken = 40 Maschen; 3. Runde: jeweils die 3. und 4. Masche rechts zusammenstricken = 30 Maschen; 5. Runde: jeweils die 2. und 3. Masche rechts zusammenstricken = 20 Maschen.

Das Rundstricken mit wenigen Maschen fällt jetzt mit 3 Nadeln leichter. Einfach die verbliebenen Maschen auf 3 Nadeln mit 6, 7 und 7 Maschen verteilen.

6. Runde: jeweils 2 Maschen zusammenstricken = 10 Maschen. Jetzt reichen 2 Nadeln aus. 7. Runde: jeweils 2 Maschen zusammenstricken = 5 Maschen.

Dann den Arbeitsfaden gut 20 cm lang abschneiden und in eine Wollnadel fädeln. Mit dieser dann nacheinander in Strickrichtung durch die verbliebenen fünf Maschen stechen. Die Stricknadeln herausziehen und mit dem Faden die Maschen zum Ring zusammenziehen. Nach innen stechen und den Faden besonders sorgfältig vernähen (▸ 30). Auch den Anfangsfaden vernähen.

1

2

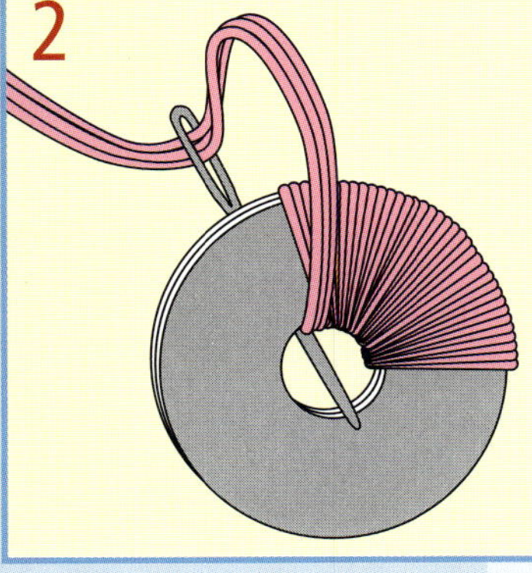

3

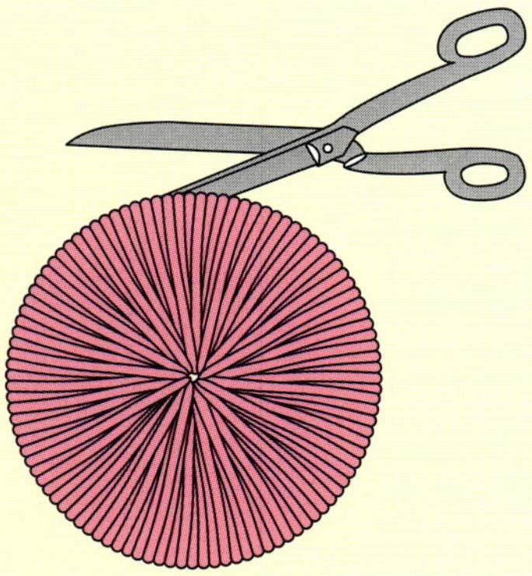

4

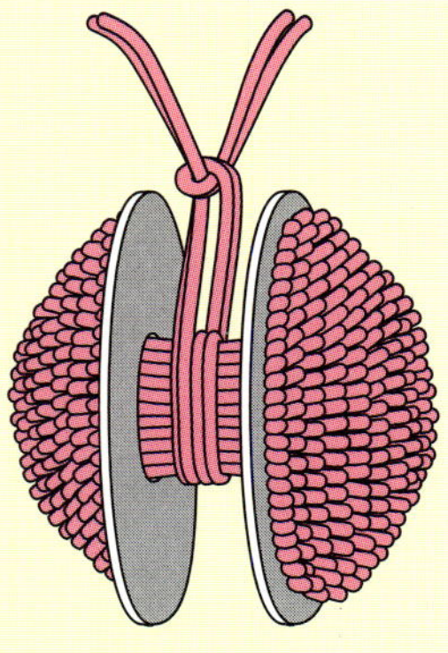

Farbvarianten Umschlagmütze

Wie unterschiedlich verschiedene Colorierungen wirken, auch wenn dasselbe Garn verstrickt wird, zeigen wir hier bei unseren Mützenvarianten. Wer will krönt sie zum Schluss noch zusätzlich mit einem dicken Pompon.

Einheitsgröße:
Kopfumfang 48–60 cm

Material:
Mütze in Pink mit Pompon
- „Bingo" von Lana Grossa (100 % Schurwolle, Lauflänge 80 m/50 g): ca. 150 g Pink 86
- Nadelspiel Nr. 4,5

Material:
Mütze in Orange-Gelb-Blau-Pink
- „Bingo Print " von Lana Grossa (100 % Schurwolle, Lauflänge 80 m/50 g): ca. 150 g Orange-Gelb-Blau-Pink-Print 311
- Nadelspiel Nr. 4,5

Material:
Mütze in Rot-Orange-Pink meliert
- „Bingo Mouliné " von Lana Grossa (100 % Schurwolle, Lauflänge 80 m/50 g): ca. 150 g Rot-Pink-Orange-Mouliné 812
- Nadelspiel Nr. 4,5

Muster und Maschenprobe: wie Umschlagmütze Seite 16.

So wird es gemacht:

Die Mützen exakt nach der Anleitung der Umschlagmütze in Hellblau auf Seite 16 stricken. Nach Wunsch einen Pompon herstellen und annähen.

Grundkurs

Pompon

1. Aus fester Pappe 2 Kreise von 9 cm Durchmesser mit einem mittigen Loch von ca. 4 cm Durchmesser zuschneiden und aufeinander legen.
2. Garn mit einer Wollnadel durch die Mitte führen und so den Ring rundum locker und dicht umwickeln.
3. Mit einer Schere die Umwicklung vorsichtig am Rand zwischen den beiden Pappringen aufschneiden und die beiden Pappringe nicht mehr als einen Zentimeter weit auseinander ziehen.
4. Mit einem doppelten Faden zwischen den Pappringen den Pompon fest abbinden und die Fäden gut verknoten. Mit diesen Fäden kann der Pompon später an die Mütze genäht werden.

Tipp:

Im Fachhandel gibt es Pompon-Sets mit vorgefertigten Ringen aus Plastik. Damit ist die Bommel-Herstellung noch einfacher!

Schmusen erlaubt

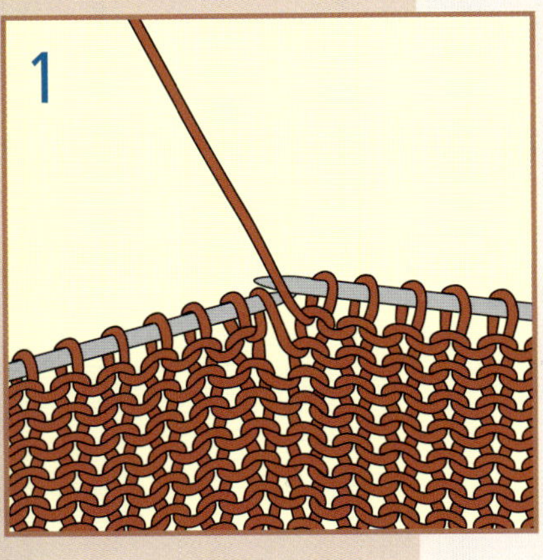

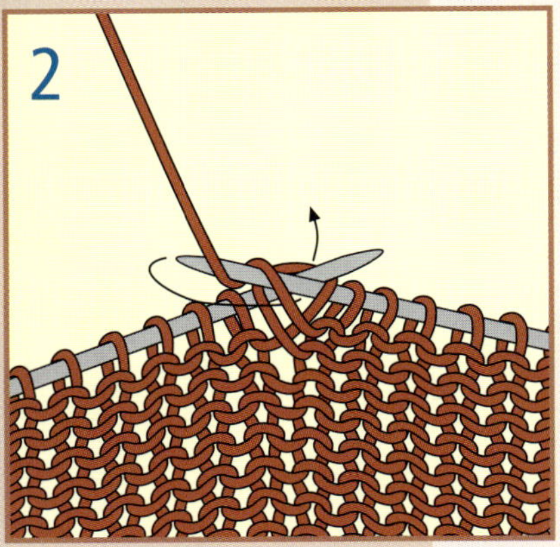

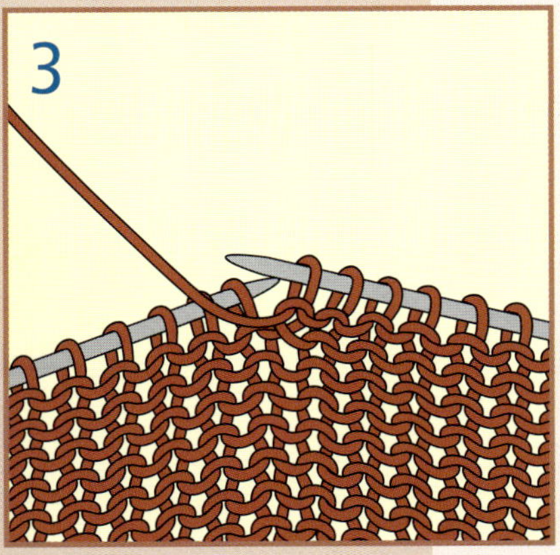

Das Neue: Hier werden Maschen zugenommen. Aber so ein Kuschelbär ist garantiert die süßeste Gelegenheit, verschränkte Zunahmen zu üben.

Braunbär

Größe:
ca. 40 cm

Material:
- „Fumo" von Lana Grossa (29 % Merino extrafine, 20 % Kid Mohair, 28 % Acryl, 23 % Polyamid, Lauflänge 120 m/50 g): je ca. 50 g Braun 3, Rost 14 und Schwarz 12
- 2 Nadelspiele Nr. 4
- Füllwatte

Glatt links in Runden: Nur linke Maschen (▸ 10) stricken.
Maschenprobe (▸ 12): 16 Maschen und 20 Runden = 10 x 10 cm.

So wird es gemacht:
Beine und Körper: 12 Maschen in Rost anschlagen (▸ 6) und in Runden (▸ 14) glatt links stricken. In der zweiten Runde aus dem Querfaden nach jeder 2. Masche eine Masche links verschränkt zunehmen = 18 Maschen.

Grundkurs

Links verschränkte Zunahme
1. Den Querfaden zwischen 2 Maschen mit der linken Nadel von vorn nach hinten aufnehmen.
2. Den Arbeitsfaden vor legen. Von links nach rechts in den hinteren Schlingenteil einstechen. Faden durchholen.
3. Den aufgenommenen Querfaden von der linken Nadel gleiten lassen. Auf der rechten Nadel liegt nun eine zusätzliche Masche.

In der 3. Runde nach jeder 3. Masche eine Masche links verschränkt aus dem Querfaden herausstricken = 24 Maschen. Nach der 7. Runde in Rost die Farbe wechseln, in Braun noch 9 cm glatt links stricken. Dann alle Maschen stilllegen, also nicht abketten, sondern die Arbeit ruhen lassen, bis der nächste Schritt möglich ist. Mit einem 2. Nadelspiel das 2. Bein ebenso arbeiten.
Nun die Maschen beider Beine für Körper und Kopf auf ein Nadelspiel verteilen (= 12 Maschen pro Nadel) und über alle 48 Maschen in Runden glatt links 29 cm stricken. Danach alle Maschen abketten (▸ 8).

Arme: Genauso wie die Beine stricken, nur die Maschen nicht stilllegen, sondern abketten.

Schnauze: 12 Maschen in Braun anschlagen und 2 Runden links stricken. * In der folgenden Runde auf jeder Nadel zwischen der 2. und 3. Masche eine Masche links verschränkt herausstricken (= 4 Maschen pro Nadel, also 16 Maschen). Eine Runde glatt links stricken. Genauso ab * noch 3mal wiederholen. Es sind danach 28 Maschen auf den Nadeln. Nun noch 2 Runden glatt links stricken, dann alle Maschen abketten. Die Fäden vernähen (▸ 30).

Fertigstellung: Beine, Körper und Kopf mit Füllwatte schön rund ausstopfen. Den Kopf ca. 12 cm von oben gemessen mit doppeltem Faden abbinden, die Fäden auf der Rückseite verknoten und vernähen. Den Kopf oben mit einer Steppnaht (▸ 9) schließen. Für die Ohren die beiden Ecken rechts und links mit Steppstichen (▸ 22) absteppen.

Fortsetzung Seite 22

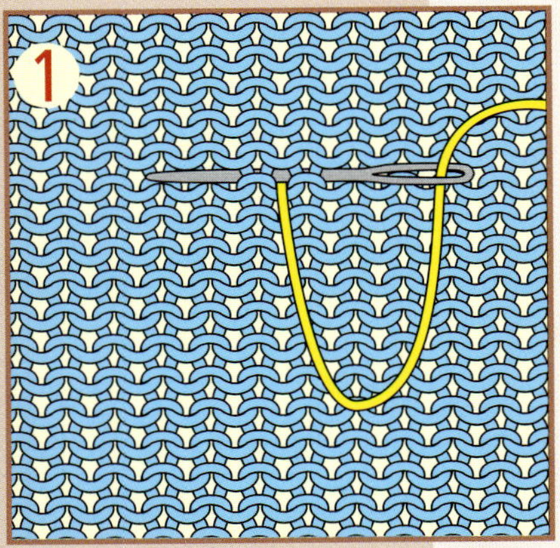

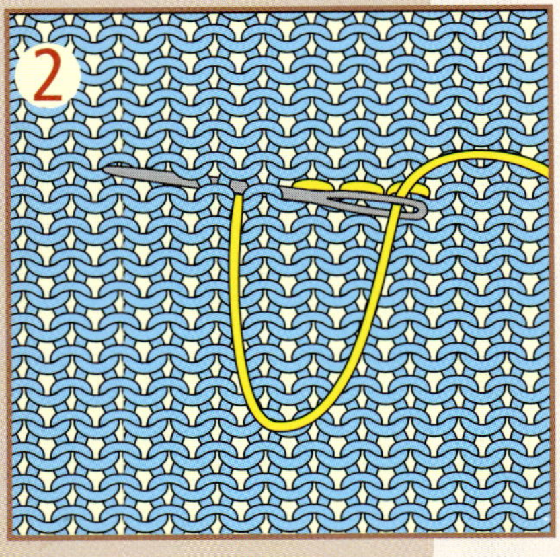

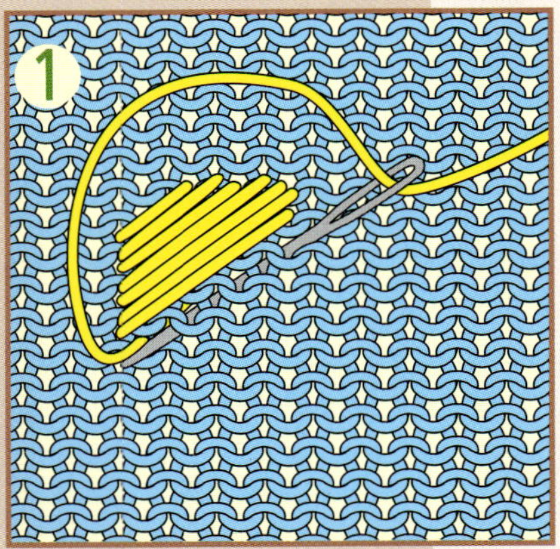

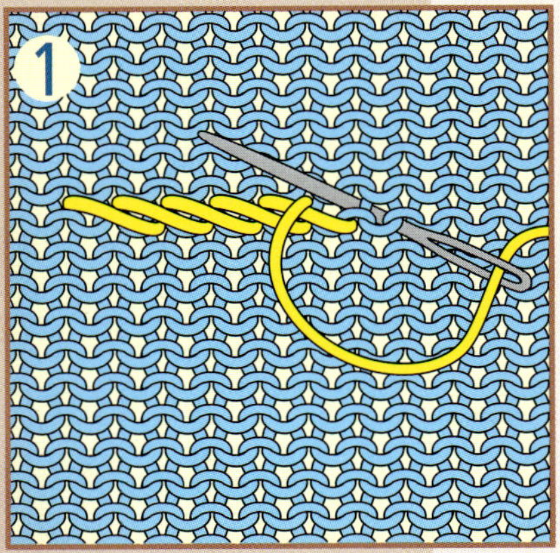

Fortsetzung von Seite 20

Grundkurs

Steppstich

1. Der Steppstich wird von rechts nach links gearbeitet. Von hinten nach vorne ausstechen, ca. 1/2 cm rechts davon wieder einstechen, die Nadel auf der Rückseite weiterführen und ca. 1/2 cm links der letzten Ausstichstelle ausstechen.

2. Dann wieder auf der Vorderseite einen Stich in die Ausstichstelle des vorhergehenden Stichs, die Nadel wieder auf der Rückseite weiterführen und 1/2 cm links der Ausstichstelle dieses Stichs ausstechen.

Die Schnauze ausstopfen und annähen. Augen und Nase mit Plattstichen in Schwarz aufsticken.

Grundkurs

Plattstich

1. Zum Ausfüllen von Flächen werden lange, gerade Stiche eng nebeneinander gesetzt. Der Faden muss dabei glatt liegen, darf aber auch nicht zu stark gespannt sein.

Den Mund mit Stielstichen in Schwarz aufsticken.

Grundkurs

Stielstich

1. Der Stielstich wird immer von links nach rechts gearbeitet. Auf einen Stich auf der Vorderseite folgt ein halb so langer Rückstich. Den Faden auf der Vorderseite wieder so lang wie beim ersten Vorstich führen, dann auf der Rückseite abermals über die Hälfte der Länge zurückstechen.

Arme ausstopfen und annähen.

Eisbär

Dieser Eisbär lässt keinen kalt! Er wird genau wie sein brauner Bruder aus kuschelig weicher Mohairwolle gestrickt, nur eben in Weiß und Hellblau.

Größe:
ca. 40 cm

Material:
- „Fumo" von Lana Grossa (29 % Merino extrafine, 20 % Kid Mohair, 28 % Acryl, 23 % Polyamid, Lauflänge 120 m/50 g): je ca. 50 g Weiß 1, Hellblau 5 und Schwarz 12
- 2 Nadelspiele Nr. 4
- Füllwatte

Muster und Maschenprobe siehe Anleitung Braunbär Seite 20.

So wird es gemacht:
Den Eisbären exakt nach der Anleitung des Braunbären ab Seite 20 arbeiten. Dabei Braun durch Weiß und Rost durch Hellblau ersetzen.

Ich mach Winterschlaf mit dir

Projekt 6

Outdoor-Chic

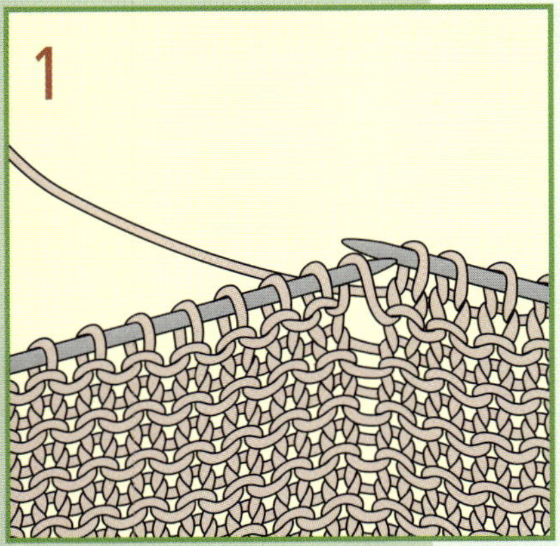

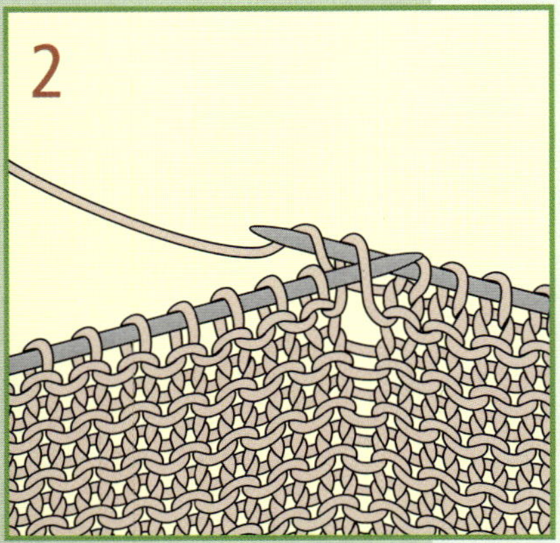

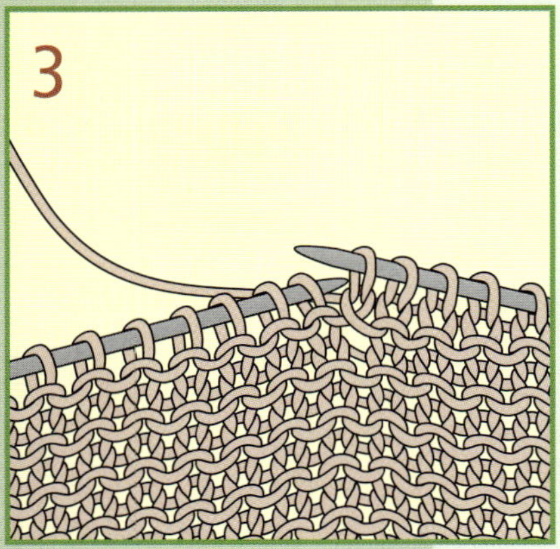

Jetzt können Sie Ihren ersten Pulli in Angriff nehmen! Er wird aus dickem, weichen Garn von Ärmel zu Ärmel kraus rechts gestrickt. Hier lernen Sie ganz fix: Maschenzahl rechts und links erweitern.

Quergestrickter Damenpulli

Größe:
36/38, 40/42 und 44/46

Material:
- „Dasolo Print" von Lana Grossa (87 % Merino, 13 % Polyamid, Lauflänge 75 m/50 g): ca. 650 g Natur-Braun 303
- Rundstricknadel Nr. 7

Kraus rechts: Hin- und Rückreihe rechte Maschen (▸ 6).
Maschenprobe (▸ 12): 11 Maschen und 22 Reihen = 10 x 10 cm.

So wird es gemacht:
Der Pulli wird von Ärmel zu Ärmel an einem Stück gestrickt. Der Schnitt zeigt alle Maße im Überblick, der Pfeil gibt die Strickrichtung an. Abweichende Angaben für Größe 40/42 bzw. Größe 44/46 stehen in Klammern bzw. hinter der Klammer. Ist nur eine Angabe gemacht, so gilt diese für alle Größen.
Da im Laufe des Strickens sehr viele Maschen auf der Nadel sind, wird mit ei-

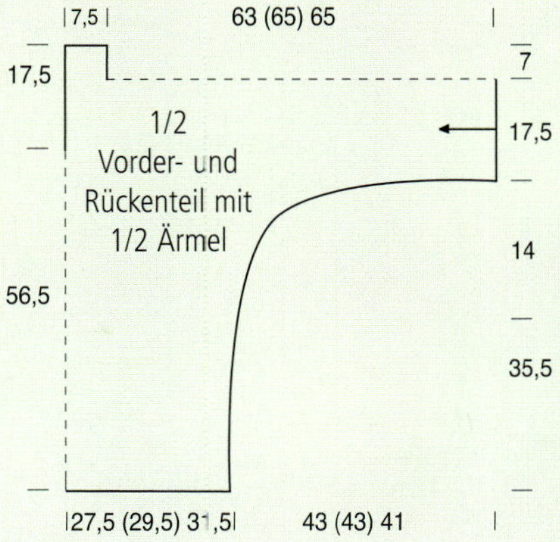

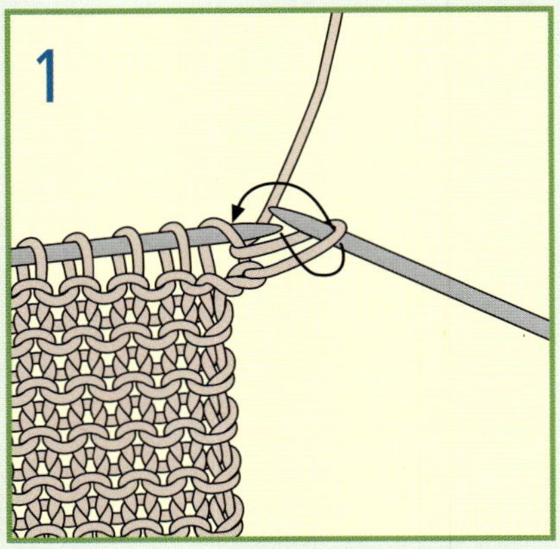

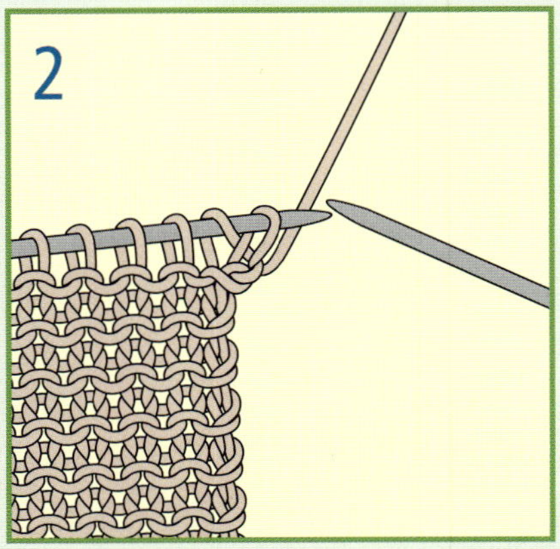

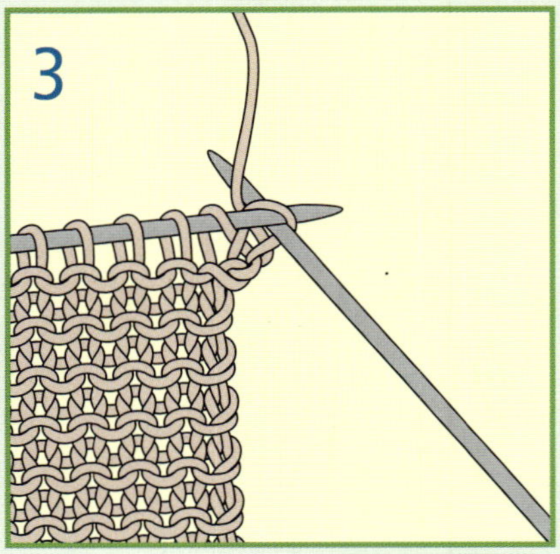

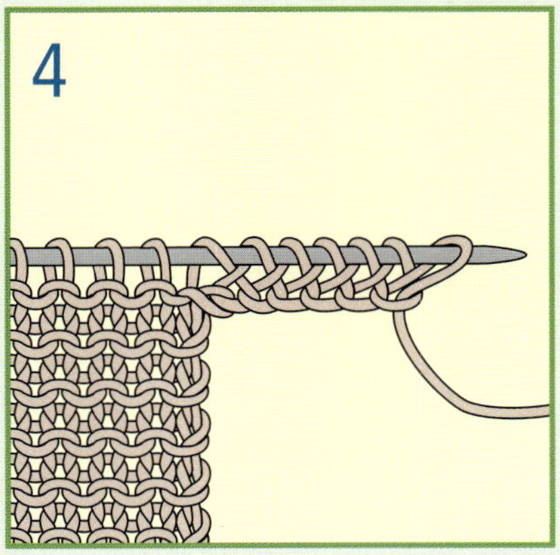

ner langen Rundstricknadel gearbeitet. 40 Maschen anschlagen (▸ 6) und 44 (44) 40 Reihen kraus rechts mit Knötchenrandmasche (▸ 10) stricken. Dann mit den Zunahmen für die Ärmelschrägung beginnen.

Grundkurs

Rechts verschränkte Zunahme

1. Den Querfaden zwischen 2 Maschen mit der linken Nadel von vorn nach hinten aufnehmen.

2. In den hinteren Schlingenteil einstechen. Der Arbeitsfaden liegt hinten. Faden durchholen.

3. Den aufgenommenen Querfaden von der linken Nadel gleiten lassen. Auf der rechten Nadel liegt nun eine zusätzliche Masche.

Beidseitig je 1 Masche rechts verschränkt aus dem Querfaden zwischen der 2. und 3. Masche bzw. der drittletzten und der vorletzten Masche rechts verschränkt herausstricken. Diese Zunahmen noch 5 x in jeder 6. folgenden Reihe und dann 9 x in jeder 2. folgenden Reihe wiederholen = 70 Maschen.
Nach 94 (94) 90 Reihen ab Anschlag (= 43 (43) 41 cm) beidseitig 1 x 40 Maschen neu anschlagen:

Grundkurs

Aufstricken am rechten Rand

1. Dafür in die 1. Masche wie zum Rechtsstricken einstechen, den Faden zur Schlinge durchholen und auf der rechten Nadel lassen.

2. Mit der linken Nadel die Schlinge von vorne nach hinten erfassen (von rechts her einstechen) und als Masche auf die linke Nadel nehmen.

3. In die neue Masche wieder wie zum Rechtsstricken einstechen und wie in 1 und 2 beschrieben die nächste Masche aufstricken.

4. Diese Zunahme stets wiederholen bis die gewünschte Maschenzahl erreicht ist.

Fortsetzung Seite 26

Projekt 6

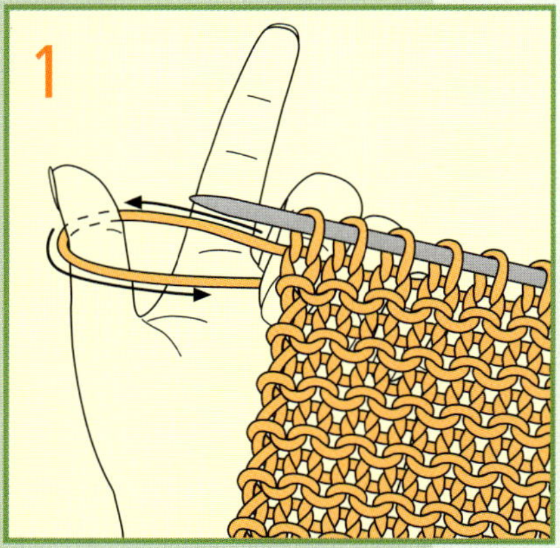

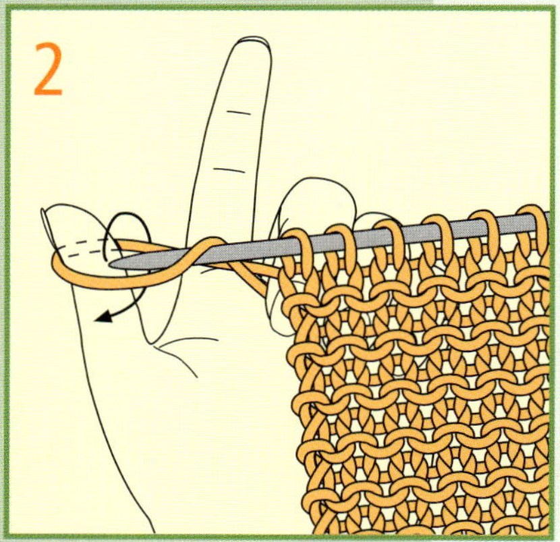

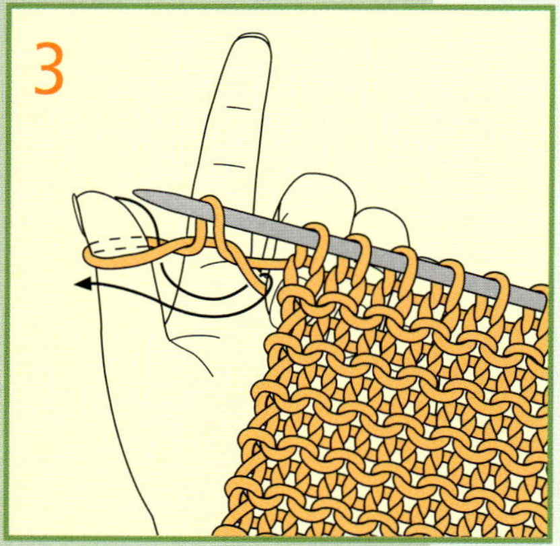

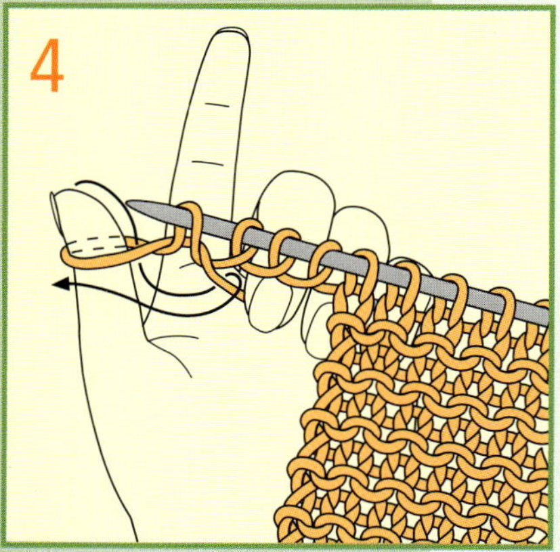

Fortsetzung von Seite 25

Grundkurs

Maschen dazu anschlagen am linken Rand

1. Dafür den Faden von der Nadel kommend von hinten nach vorn um den Daumen legen, mit Mittel-, Ring- und kleinem Finger etwas festhalten.
2. Mit der rechten Nadel von vorn nach hinten in die Schlinge stechen und den hinteren Faden fassen.
3. Den Faden zur Schlinge durchziehen, den Daumen aus der Schlinge nehmen und den Faden anziehen, so dass eine neue Masche entsteht. Mit dem Daumen den Faden aufnehmen, so dass er wieder wie in 1 um den Daumen liegt.
4. Diese Zunahme stets wiederholen bis die gewünschte Maschenzahl erreicht ist.

Jetzt sind 150 Maschen auf der Nadel, über die kraus rechts weitergestrickt wird. Nach 63 (65) 65 cm = 138 (144) 144 Reihen ab Anschlag für den Halsausschnitt die Arbeit in der Mitte teilen und zuerst das Rückenteil beenden. Dafür 75 Maschen stricken (= Mitte) die restlichen Maschen der anderen Hälfte stilllegen, für den Kragen am Teilungsrand 8 Maschen dazu anschlagen (▸ 24) und über alle 83 Maschen noch 16 Reihen kraus rechts arbeiten. Nach 70,5 (72,5) 72,5 cm = 154 (160) 160 Reihen ist die rückwärtige Mitte erreicht. Nun das Rückenteil gegengleich beenden, d. h. nach weiteren 16 Reihen die 8 Kragenmaschen wieder abketten (▸ 8) und die restlichen 75 Maschen stilllegen, d.h. unbearbeitet lassen, bis das Vorderteil ebenso weit ist.
Nun das Vorderteil gegengleich und mit Poloschlitz arbeiten. Also am Teilungsrand 8 Kragenmaschen zusätzlich anschlagen, über alle 83 Maschen noch 16 Reihen kraus rechts arbeiten. Nach 154 (160) 160 Reihen = 70,5 (72,5) 72,5 cm ab Anschlag für den Poloschlitz die ersten 19 Maschen abketten (▸ 8) und diese in der folgenden Reihe wieder anschlagen (▸ 24). Nach Beendigung des vorderen Kragens (also nach 16 Reihen ab Poloschlitz und Abketten der 8 Kragenmaschen) über alle 150 Maschen im Zusammenhang kraus rechts weiterarbeiten und den Pulli gegengleich beenden; Zunahmen werden zu Abnahmen. Also: 44 Reihen über alle Maschen stricken, dann beidseitig 40 Maschen abketten = 70 Maschen, beidseitig 9 x in jeder 2. Reihe eine Masche abketten, 6 x in jeder 6. Reihe eine Masche beidseitig abketten. Über die verbleibenden 40 Maschen weiterstricken. Nach 141 (145) 145 cm = 308 (320) 320 Reihen ab Anschlag alle Maschen abketten (▸ 8).

Fertigstellung: Seiten- und untere Ärmelnähte schließen (▸ 59), dabei für den Umschlag die unteren je 6 cm der Ärmelnähte von rechts zusammennähen und nach außen umschlagen. Seitliche Kragennähte schließen (▸ 59).

Kurzpulli in Orange

Farbenfroh und taillenkurz präsentiert sich die Variante des quergestrickten Damenpullis in leuchtendem Orange.

Größe:
36/38, 40/42, 44/46

Material:
- „Dasolo" von Lana Grossa (87 % Merino, 13 % Polyamid, Lauflänge 75 m/50 g): ca. 550 g Orange 3
- „Pep Tiger" von Lana Grossa (80 % Microfaser, 20 % Polyamid, Lauflänge 110 m/50 g): ca. 350 g Rot-Orange 517
- Rundstricknadel Nr. 7

Muster und Maschenprobe siehe Seite 24.

So wird es gemacht:

Achtung! Die beiden Garne werden mit doppeltem Faden zusammen verstrickt. Den Pulli nach der Anleitung des quergestrickten Damenpullis ab Seite 24 stricken, allerdings ohne Ärmelumschlag. Mit der Zunahme für die Ärmelschrägung deshalb schon nach 30 (30) 26 Reihen beginnen. Dadurch verringern sich die folgenden Reihenangaben in der Anleitung um jeweils 14 Reihen. Außerdem ist der Pulli 20 (19) 18 cm kürzer, daher rechts und links nur 18 (19) 20 Maschen aufstricken bzw. dazuanschlagen. Dadurch verringern sich die Maschenangaben für Vorder- und Rückenteil in der Anleitung; es sind dann insgesamt 106 (108) 110 Maschen.

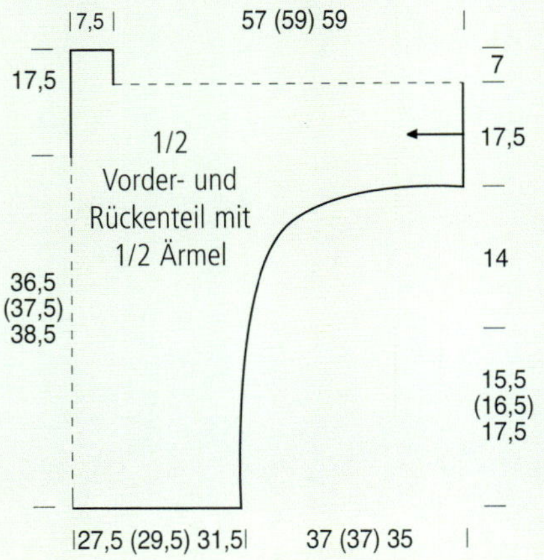

Projekt 7

Knallroter Hingucker

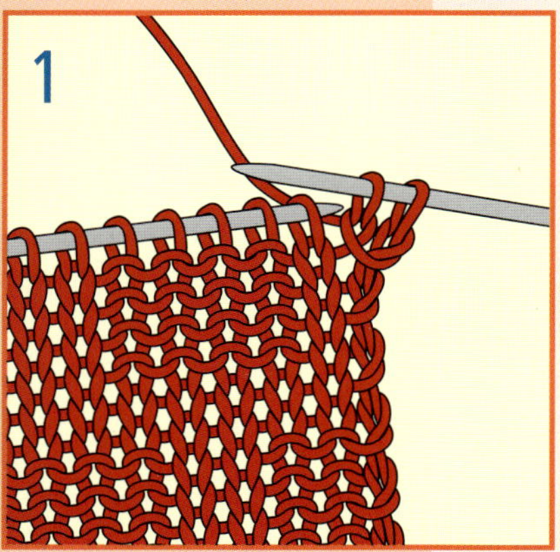

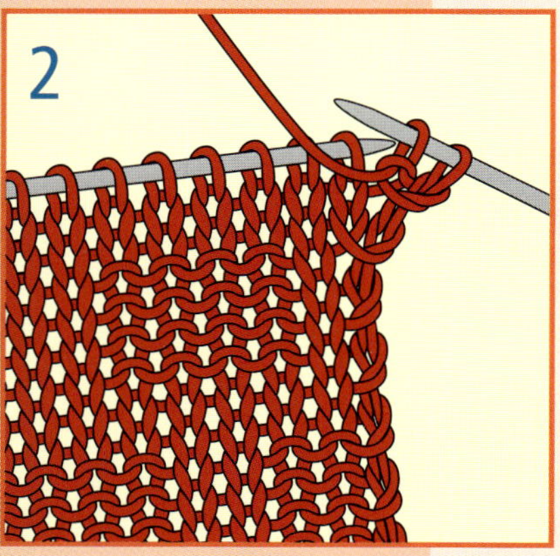

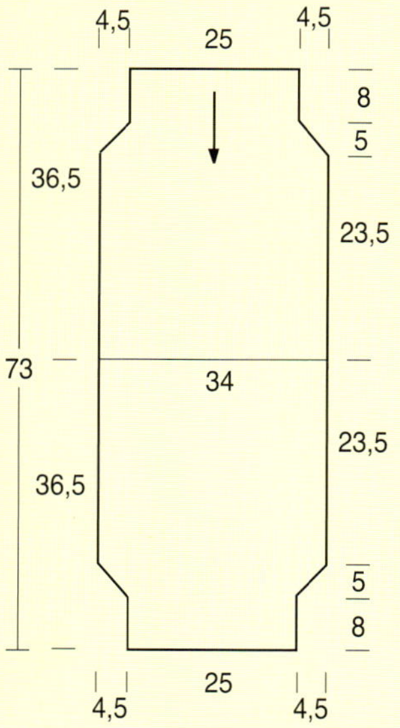

Strickschrift

+	–	–	I	I	–	–	+	11
+	–	–	I	I	–	–	+	9
+	I	I	I	I	I	I	+	7
+	I	–	–	–	–	I	+	5
+	I	–	–	–	–	I	+	3
+	I	I	I	I	I	I	+	1

MS

Zeichenerklärung:

+ = Randmasche
I = 1 Masche rechts (▸ 8)
– = 1 Masche links (▸ 10)
MS = Mustersatz

Echt hip, so ein Täschchen mit Ringgriffen! Die Struktur wirkt ein wenig wie geflochten oder gewebt, tatsächlich entsteht sie nur aus rechten und linken Maschen.

Rote Stricktasche

Größe:
ca. 40 x 32 cm

Material:
- „Dasolo" von Lana Grossa (87 % Merino, 13 % Polyamid, Lauflänge 75 m/50 g): ca. 150 g Rot 10
- 2 runde schwarze Taschengriffe von Prym, 12 cm Ø
- Stricknadeln Nr. 5

Strukturmuster: Die Strickschrift zeigt, wie das Muster gestrickt wird.

Grundkurs

Strickschriften lesen
Jedes Kästchen steht für eine Masche, jede Kästchenreihe zeigt eine Maschenreihe. In den Hinreihen lesen Sie die Strickschrift von rechts nach links, die Abfolge der Kästchen in der Strickschrift entspricht also der Abfolge der Maschen beim Stricken. Die Zahlen an der Seite nennen die Reihenzahlen von unten nach oben, genau so, wie gestrickt wird. Es sind nur die Hinreihen gezeichnet, in den Rückreihen die Maschen stricken, wie sie erscheinen. Also: linke Maschen links stricken, rechte Maschen rechts. Wie die jeweilige Masche gestrickt wird verdeutlichen Zeichen, die in der Zeichenerklärung definiert werden. Der Mustersatz (MS) zeigt die Anzahl der Maschen in der Breite, die benötigt wird, um das Muster einmal zu bilden. Er ist mit einer eckigen Klammer markiert. Beim Stricken beginnen Sie mit der Masche vor dem Mustersatz, dann den Mustersatz stets wiederholen, (bis die gewünschte Gesamtbreite erreicht ist), dann mit der Masche nach dem Mustersatz enden. Die Randmasche als Knötchenrand (▸ 10) stricken. Die Strickschrift zeigt in der Höhe so viele Reihen, wie benötigt werden, um das Muster einmal zu bilden. In den nicht gezeichneten Rückreihen die Maschen so stricken, wie sie erscheinen. Die Reihen werden von der 1. bis 12. Reihe stets wiederholt.

Maschenprobe (▸ 12): 13 Maschen und 23 Reihen = 10 x 10 cm.

So wird es gemacht:
32 Maschen anschlagen (▸ 6) und im Strukturmuster mit Knötchenrand (▸ 10) 18 Reihen stricken. Dann beidseitig 6 x in jeder 2. Reihe (= Hinreihe) 1 Masche mustergemäß zunehmen.

Grundkurs

Mustergemäße Zunahmen am Rand
Die zusätzlichen Maschen werden jeweils aus dem Querfaden nach bzw. vor der Randmasche herausgestrickt. Damit das Muster nicht gestört wird, darauf achten, dass es über die neu hinzukommenden Maschen sinngemäß, wie im Mustersatz angegeben, fortgeführt wird.
1. Am Reihenanfang nach der Randmasche wird mit jeder Zunahme ein neuer Mustersatz von links nach rechts aufgebaut. Ist laut Strickschrift eine rechte Masche vorgesehen, dann die Zunahme rechts verschränkt (▸ 24) ausführen. Am Reihenende vor der Randmasche wird mit jeder Zunahme ein neuer Mustersatz von rechts nach links aufgebaut.
2. Verlangt die Strickschrift eine linke Masche, die Zunahme entsprechend links verschränkt (▸ 20) ausführen.
Die Zunahmen so ausführen, dass das Muster beidseitig erweitert wird und sich über die schon vorhandenen Maschen fortsetzt. Nach 6 Zunahmen ist beidseitig ein kompletter Mustersatz hinzugekommen, d. h. die erste Masche nach der Randmasche entspricht wieder der 1. Masche des Mustersatzes, die letzte Masche vor der Randmasche ist auch die letzte Masche des Mustersatzes.

Im Strukturmuster über alle 44 Maschen weiterstricken, nach 138 Rei-

hen ab Anschlag in jeder 2. Reihe (= Hinreihe) 6 x beidseitig je 1 Masche mustergemäß abnehmen. Dafür am rechten Arbeitsrand jeweils eine Masche abketten (▸ 8), am linken Arbeitsrand die Masche vor der Randmasche mit der Randmasche rechts zusammenstricken (▸ 16). Jetzt wird rechts und links wieder ein Mustersatz Masche für Masche „abgebaut", über die jeweils noch verbliebenen Maschen so weiterstricken, wie es das Muster verlangt.
Über die restlichen 32 Maschen noch 18 Reihen im Strukturmuster weiterstricken, dann alle Maschen abketten.

Fertigstellung: Die Tasche rechts auf rechts zusammenlegen und die geraden Seitennähte im Steppstich (▸ 9) schließen (also nur die 23 cm ohne Zu- oder Abnahmen). Die Tasche wenden und die obere Kante jeder Seite etwa 4 cm über jeweils einen Taschengriff legen und feststeppen.

Projekt 8

Kunst am Buch

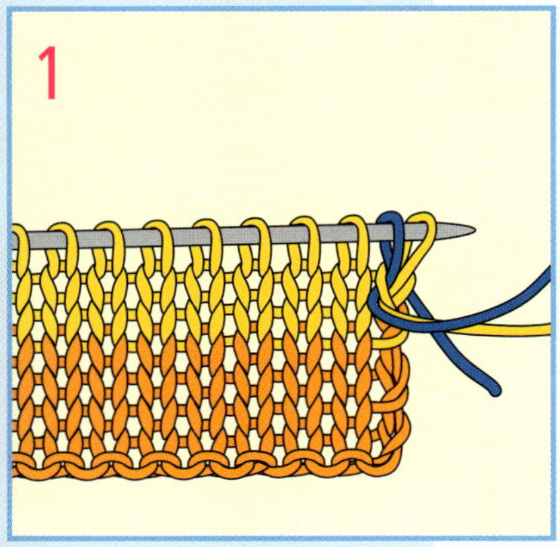

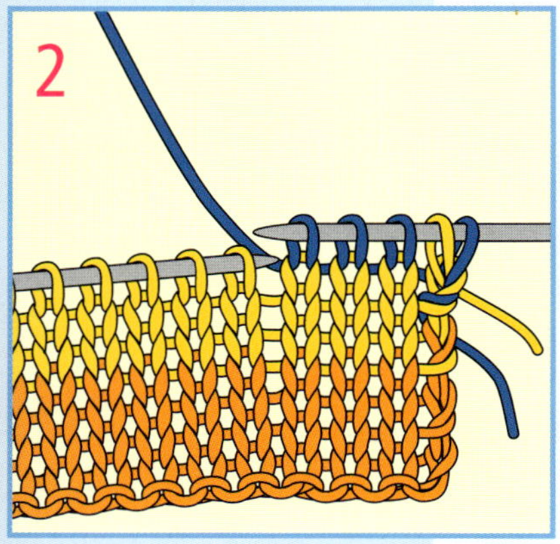

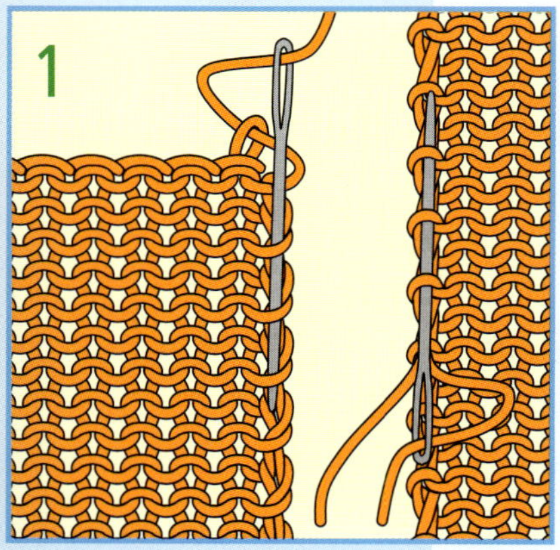

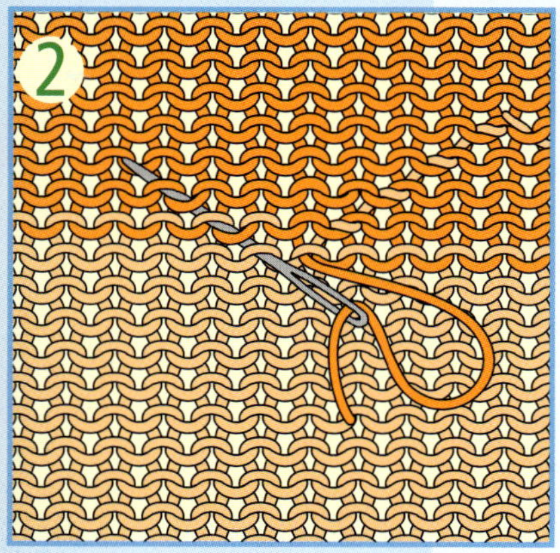

Fröhliches Design in den Lieblingsfarben macht aus einfachen Notizbüchern ganz individuelle Stücke.

Gestreifte Buchhüllen

Größe:
ca. 15 x 21 x 1 cm

Material:
- „Meilenweit" von Lana Grossa (80 % Schurwolle, 20 % Polyamid, LL = 210 m/50 g):

für die Variante in Pink-Bunt:
- je ca. 50 g Farbe 1 = Orange 1315, Farbe 2 = Gelb 1283, Farbe 3 = Mittelblau 1309, Farbe 4 = Pink 1313, Farbe 5 = Rosa 1312, Farbe 6 = Weiß Fb 1101

für die Variante in Blau:
- je ca. 50 g Farbe 1 = Tintenblau 1294, Farbe 2 = Jeans 1304, Farbe 3 = Mittelblau 1309, Farbe 4 = Graublau 1302, Farbe 5 = Hellblau 1292, Farbe 6 = Weiß 1101

für die Variante in Grün:
- je ca. 50 g Farbe 1 = Wollweiß 1113, Farbe 2 = Gelb 1283, Farbe 3 = Apfelgrün 1287, Farbe 4 = Camel 1290, Farbe 5 = Dunkelgrün 1308, Farbe 6 = Dunkelbraun 1291
- Notizbuch, ca. 15 x 21 x 1 cm
- Fadengummi in passender Farbe
- Stricknadeln Nr. 2,5

Glatt rechts: Hinreihe rechte Maschen (▸ 8), Rückreihe linke Maschen (▸ 10).
Kraus rechts: Hin- und Rückreihe rechte Maschen.
Farbfolge 1: Je 3 Reihen in Farbe 1 bis 6 stricken (3 Reihen Farbe 1, 3 Reihen Farbe 2 und so fort).
Farbfolge 2: Je 3 Reihen in Farbe 6 bis 1 stricken (3 Reihen Farbe 6, 3 Reihen Farbe 5 und so fort).
Maschenprobe (▸ 12): 28 Maschen und 40 Reihen = 10 x 10 cm.

So wird es gemacht:

126 Maschen anschlagen (▸ 6) und glatt rechts 2 x Farbfolge 1 mit Knötchenrand (▸ 10) stricken. Mit mehreren Knäueln arbeiten, entsprechend der Farbfolge die Farben wechseln.

Grundkurs

Farbwechsel am Rand
1. Die letzte Randmasche vor dem Farbwechsel mit dem neuen und dem alten Faden zusammen, also zweifädig, rechts stricken.
2. Die beiden Fäden der Randmasche zusammen abheben und mit dem neuen Faden weiterstricken. Nach einigen Maschen beide Fäden anziehen, so dass sich ein gleichmäßiges Maschenbild ergibt. Die beiden Fäden der Randmasche dann am Ende der folgenden Reihe als eine Masche stricken. Den alten Faden nicht zu kurz abschneiden, etwa 10 cm hängen lassen.

Nach 36 Reihen 12 Reihen in Farbe 1 stricken, dann 2 x Farbfolge 2 arbeiten. Nach 84 Reihen (= 21 cm) alle Maschen abketten (▸ 8). An den Kanten hängen jetzt bei jedem Streifen zwei Fadenenden. Diese müssen gut vernäht werden, damit sich das Strickstück nicht auflösen kann.

Grundkurs

Fäden vernähen
1. Die Fadenenden in eine stumpfe Wollnadel fädeln und in die Randmaschen einziehen, dabei einen Faden nach oben, den anderen nach unten ziehen. Bei zusammengenähten Strickteilen die Fäden in die Naht einziehen.
2. Geht ein Knäuel mitten in der Reihe zu Ende oder ist ein Farbwechsel in einer Reihe notwendig, werden die Fäden auf der Rückseite der Arbeit vernäht. Dabei zunächst durch die daneben liegende Masche stechen, so dass zwischen der letzten Masche des alten Fadens, und der ersten, die mit dem neuen Faden gestrickt wurde, eine Verkreuzung entsteht. Den Faden schräg in die Maschenreihen einziehen, dabei immer nur einen Teil der Maschenglieder erfassen, damit der Faden auf der Vorderseite nicht sichtbar ist.

Fertigstellung: Die Schmalseiten mit je einer Reihe fester Maschen in Pink, Hellblau bzw. Dunkelgrün behäkeln

(▸ 48). Das Strickstück mit Stecknadeln auf die Maße 45 x 21 cm auf eine weiche Unterlage, z. B. das Bügelbrett, aufstecken, mit einem Wäschesprüher befeuchten oder feuchte Tücher auflegen; trocknen lassen. Dann zunächst an einer Schmalseite ca. 6 cm nach innen umschlagen und oben und unten feststeppen (▸ 9). Das Buch einlegen und so bestimmen, wie weit auf der anderen Seite umgeschlagen werden muss. Auch diese Nähte schließen. In die offenen Kanten (auch an der Umschlagkante) ein Stück Fadengummi einziehen und leicht angezogen vernähen, damit die Kanten schön stramm am Buch anliegen. Für den „Gürtel" 6 Maschen in Pink, Hellblau oder Dunkelgrün anschlagen (▸ 6) und kraus rechts 120 cm stricken. Danach alle Maschen abketten (▸ 8).

Projekt 8

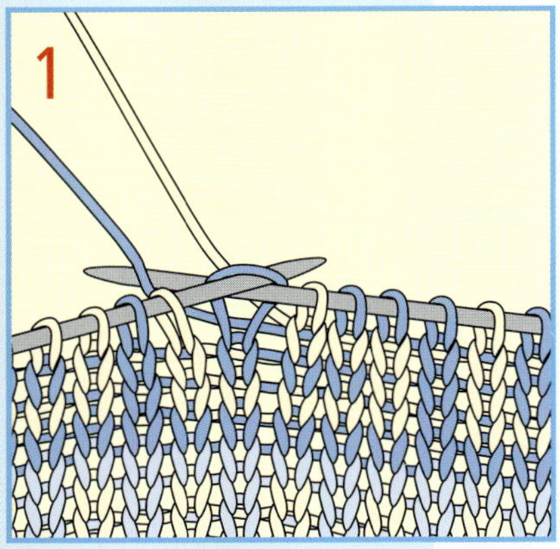

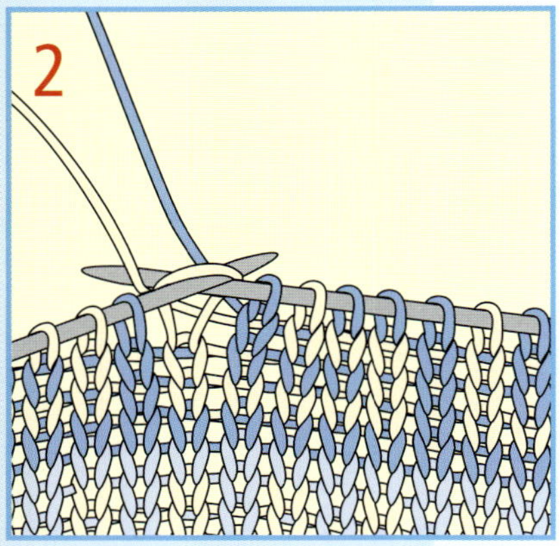

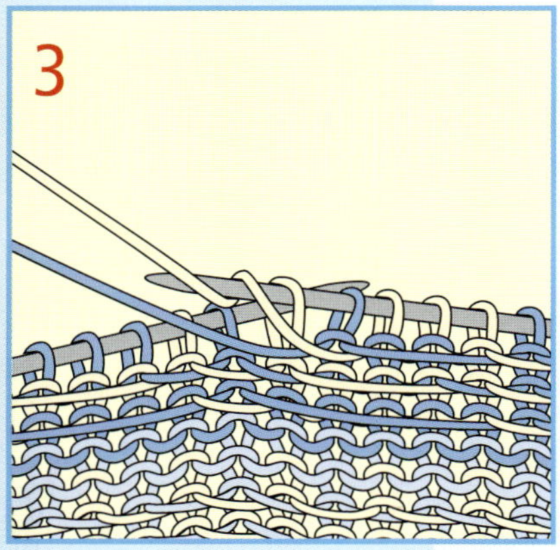

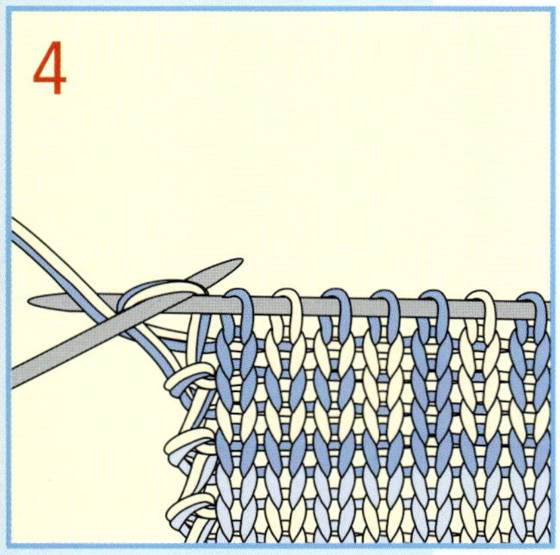

Buchhüllen mit Jacquardmuster

Jacquard heißt das bunte Einstrickmuster, bei dem mit zwei oder mehr Farben in einer Reihe gestrickt wird.

Größe:
ca. 21 x 30 cm

Material:
- „Meilenweit" von Lana Grossa (80 % Schurwolle, 20 % Polyamid, Lauflänge 210 m/50 g):

für die bunte Variante:
- je ca. 50 g Mittelblau 1309, Hellblau 1314, Wollweiß 1113, Apfelgrün 1278, Orange 1315 und Rot 1285

für die braune Variante:
- je ca. 50 g Dunkelbraun 1291, Orange 1315, Tweed Natur 106, Camel 1290, Mittelbraun 1305 und Rost Tweed 133
- Notizbuch, ca. 21 x 30 x 1,5 cm
- Fadengummi in passender Farbe
- Stricknadeln Nr. 2

Glatt rechts: Hinreihe rechte Maschen (▸ 8), Rückreihe linke Maschen (▸ 10).
Jacquardmuster: Laut Zählmuster stricken. Jede Zeile im Zählmuster steht für eine Reihe, jedes Kästchen für eine Masche, Farben siehe Zeichenerklärung. Die Randmaschen sind in den Mustersatz integriert. In den Hinreihen wird das Zählmuster von rechts nach links gelesen, in den Rückreihen von links nach rechts. Die unbenutzten Fäden stets locker auf der Rückseite der Arbeit mitführen, und die Randmaschen stets mit allen in Arbeit befindlichen Fäden stricken.
Maschenprobe (▸ 12): 27 Maschen und 36 Reihen = 10 x 10 cm.

So wird es gemacht:

Die Farben für die braune Variante stehen jeweils in Klammern. 158 Maschen in Apfelgrün (Camel) anschlagen (▸ 6) und glatt rechts mit Knötchenrand (▸ 10) zunächst je 2 Reihen Apfelgrün, Orange und Rot (Camel, Mittelbraun, Rost) stricken. Dabei mit mehreren Knäueln mit Farbwechsel am Rand (▸ 30) arbeiten. Dann weiterhin glatt rechts im Jacquardmuster die 1.–43. Reihe laut Zählmuster stricken.

Zählmuster

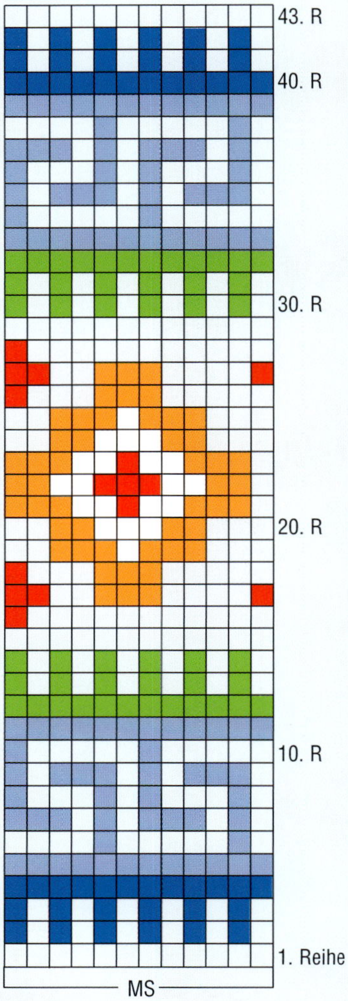

Zeichenerklärung:
☐ = 1 Masche und 1 Reihe
MS = Mustersatz

Bunte Variante:	Braune Variante:
= Mittelblau 1309	= Dunkelbraun 1291
= Hellblau 1314	= Orange 1315
= Wollweiß 1113	= Tweed Natur 106
= Apfelgrün 1278	= Camel 1290
= Orange 1315	= Mittelbraun 1305
= Rot 1285	= Rost Tweed 133

Grundkurs

Jacquardmuster stricken

1. Die benötigten Fäden zusammen um den Zeigefinger der linken Hand wickeln. Nun die Maschen laut Zählmuster abstricken; den nicht benötigten Faden auf der Rückseite der Arbeit locker mitführen.

2. Wird der andere Faden gebraucht, die Maschen auf der rechten Nadel etwas auseinander schieben, so dass der neue Faden den richtigen Abstand erhält. Diese Spannfäden sollen die andersfarbigen Maschen locker überbrücken, zu kurze Spannfäden ziehen das Gestrick unschön zusammen, zu lange Spannfäden machen das Maschenbild ungleichmäßig und löcherig.

3. In Rückreihen wird ebenso gearbeitet, die Fäden werden dann vor der Arbeit weitergeführt.

4. Um die Fadenspannung an den Rändern beizubehalten, werden die Randmaschen jeweils mit allen Fäden der Reihe gestrickt. Nach der 43. Reihe des Jacquardmusters je eine Reihe in Rot, Orange, Apfelgrün, Weiß, Hellblau, Mittelblau, Hellblau, Weiß, Apfelgrün, Orange und Rot (Rost, Mittelbraun, Camel, Tweed natur, Orange, Dunkelbraun, Orange, Tweed natur, Camel, Mittelbraun und Rost) stricken. Dann im Jacquardmuster die 43.–1. Reihe stricken, also das Zählmuster von oben nach unten lesen. Danach noch je 2 Reihen in Rot, Orange, Apfelgrün (Rost, Mittelbraun, Camel) stricken und nach der 109. Reihe alle Maschen abketten (▸ 8). Fäden vernähen (▸ 30).

Fertigstellung:

Wie die Buchhüllen von Seite 30, mit folgenden Änderungen: Schmalseiten in Mittelblau (Dunkelbraun) behäkeln, Spannmaß 58 x 30 cm, Umschlag Schmalseite ca. 7 cm.

Projekt 9

Ringel und Streifen

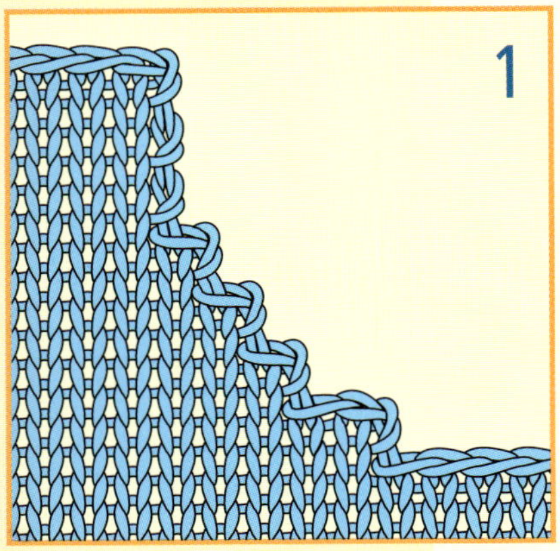

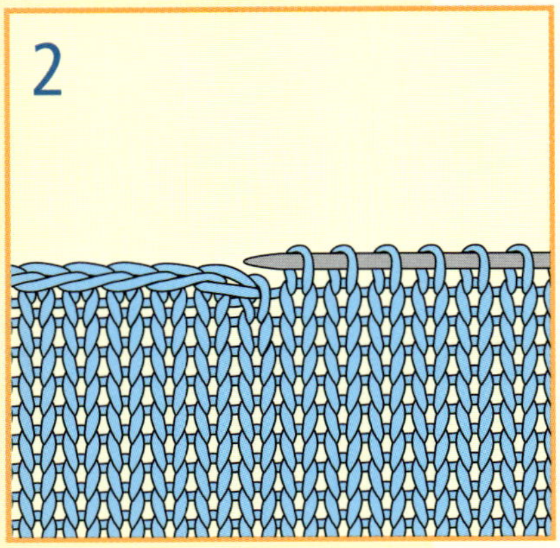

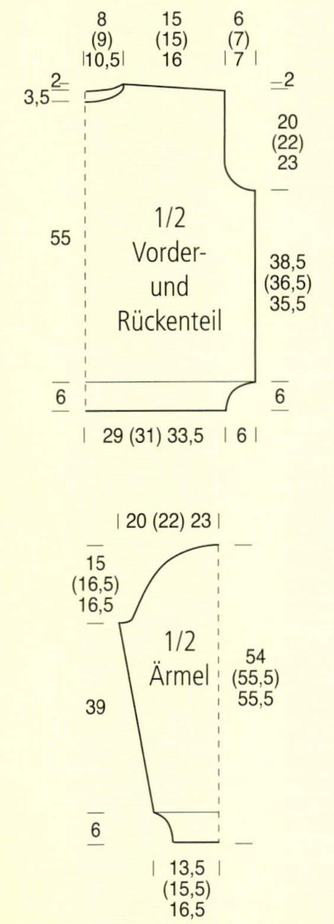

Dieser Pulli wird ganz klassisch in vier Teilen gestrickt: Ärmel, Vorder- und Rückenteil. Die Ausschnittblende wird angestrickt, die Maschen dafür aus dem Halsausschnittrand aufgefasst.

Gestreifter Herrenpulli

Größe:
48/50, 52/54, 56/58

Material:
- „Bingo" von Lana Grossa (100 % Schurwolle, Lauflänge 80 m/50 g): ca. 300 g Braun 91, 200 g Wollweiß 5, 150 g Dunkelblau 14, je 100 g Camel 79 und Hellblau 43.
- Stricknadeln Nr. 5,5 und 6
- Rundstricknadel Nr. 5,5

Rippenmuster mit Nadeln Nr. 5,5: 2 Maschen rechts (▸ 8), 2 Maschen links (▸ 10) im Wechsel.
Glatt rechts mit Nadeln Nr. 6: Hinreihe rechte Maschen (▸ 8), Rückreihe linke Maschen (▸ 10).
Streifenfolge A in Reihen: 2 Braun, 4 Hellblau, 12 Wollweiß, je 2 Camel, Dunkelblau, Camel, Braun, Camel, 12 Hellblau, je 2 Wollweiß, Camel, Wollweiß, Dunkelblau, Wollweiß, 12 Braun, 4 Hellblau, 12 Wollweiß, je 2 Camel, Braun, Camel, 12 Dunkelblau, 4 Hellblau, * 2 Wollweiß, 12 Camel, je 2 Dunkelblau, Hellblau, Dunkelblau, Wollweiß, 22 Braun = 144 Reihen.
Streifenfolge B: Wie Streifenfolge A bis * (= 100 Reihen), dann weiter in Braun.
Maschenprobe (▸ 12): 17 Maschen und 24 Reihen = 10 x 10 cm.

So wird es gemacht:

Der Schnitt zeigt alle Maße. Abweichende Angaben für Größe 52/54 bzw. Größe 56/58 stehen in Klammern bzw. hinter der Klammer. Ist nur eine Angabe gemacht, so gilt diese für alle Größen.
Rückenteil: 98 (106) 114 Maschen in Braun anschlagen (▸ 6) und für den Bund 6 cm im Rippenmuster stricken. Danach glatt rechts laut Streifenfolge A mit Farbwechsel am Rand (▸ 30) weiterarbeiten. Für die Armausschnitte nach 38,5 cm = 92 Reihen (36,5 cm = 88 Reihen) 35,5 cm = 84 Reihen ab Bund beidseitig Maschen wie folgt abketten (▸ 8): in jeder 2. Reihe 1 x 3, 1 x 2 und 3 (5) 5 x je 1 Masche, dann in jeder 4. Reihe noch 2 x je 1 Masche = 78 (82) 90 Maschen. Für die Schulterschrägung nach 58,5 cm = 140 Reihen ab Bund beidseitig 1 x 9 Maschen abketten, danach in jeder 2. Reihe 2 x je 8 (8) 9 Maschen abketten. Gleichzeitig mit der 1. Schulterabnahme für den Halsausschnitt die mittleren 24 (28) 32 Maschen abketten und beide Seiten getrennt beenden.

Grundkurs

Seiten getrennt beenden
1. Für den Halsausschnitt werden die mittleren Maschen abgekettet, dann wird zunächst die linke Seite fertig gestrickt.
2. Die rechte Seite ist stillgelegt, sie bleibt unbearbeitet bis die linke Seite fertig gestellt ist. Dann wird die rechte Seite ebenso wie die linke gestrickt, Beginn in einer Rückreihe.

Für die Rundung am inneren Rand in der folgenden 2. Reihe 1 x 2 Maschen abketten. Nach 60,5 cm = 146 Reihen ab Bund sind alle Maschen aufgebraucht.
Vorderteil: Genauso, jedoch mit tieferem Halsausschnitt arbeiten. Dafür bereits nach 55 cm = 132 Reihen ab Bund die mittleren 14 (18) 22 Maschen abketten. Für die Rundung am inneren Rand in jeder 2. Reihe 1 x 3, 1 x 2 und 2 x je 1 Masche abketten
Ärmel: 38 (42) 42 Maschen in Braun anschlagen und für den Bund 6 cm im Rippenmuster stricken, dabei in der letzten Runde gleichmäßig verteilt 9 (11) 14 Maschen rechts verschränkt aus dem Querfaden herausstricken (▸ 24) = 47 (53) 56 Maschen. Danach glatt rechts laut Streifenfolge B weiterarbeiten. Gleichzeitig für die Ärmelschrägung ab Bund beidseitig 11 x in jeder 8. Reihe je 1 Masche rechts verschränkt aus dem Querfaden neben der Randmasche heraus-

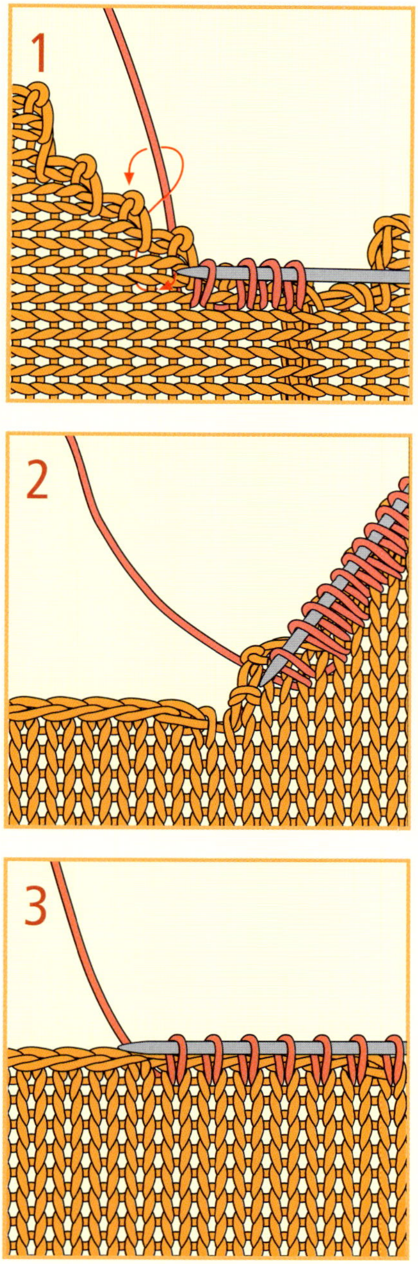

stricken = 69 (75) 78 Maschen. Für die Armkugel nach 39 cm = 94 Reihen ab Bund beidseitig in jeder 2. Reihe 1 x 3, 2 x je 2, 1 x 1, 1 x 2, 10 (12) x je 1, 2 x je 2 und 1 x 3 Maschen abketten. Die restlichen 15 (17) 20 Maschen danach auf einmal abketten.

Fertigstellung: Die Fäden vernähen (▸ 30). Schulternähte im Maschenstich (▸ 58) schließen.
Für die Halsausschnittblende mit der Rundstricknadel in Braun ca. 68 (76) 84 Maschen aus dem Halsausschnittrand auffassen und 3 cm im Rippenmuster stricken, danach alle Maschen abketten.

Grundkurs

Auffassen von Maschen
Gestrickte Blenden werden mit einer kurzen Rundstricknadel oder, bei kleineren Ausschnitten, mit einem Nadelspiel gestrickt. Die Flexibilität der Rundstricknadel erleichtert das Auffassen der Maschen, außerdem entfällt beim Stricken in Runden die Naht.
1. An der linken Schulternaht beginnen. Beim geraden, senkrechten Reihenverlauf mit der Nadel das außen liegende Maschenglied der ersten Masche nach der Randmasche erfassen und den Faden durchholen. Bei längeren Geraden ca. jede 4. Reihe übergehen.
2. Beim Auffassen aus den Rundungen müssen die „Treppchen", die beim Abketten entstanden sind, ausgeglichen werden. Dabei darf auch einmal die Masche einer Reihe tiefer erfasst werden, um eine gleichmäßige Rundung zu erreichen.
3. Beim waagerechten, geraden Abkettrand in die Masche unterhalb des Abkettrands einstechen und den Faden durchholen. Hier wird aus jeder Masche eine Masche herausgestrickt.

Seitennähte und Ärmelnähte im Matratzenstich schließen (▸ 59). Die Ärmel einsetzen (▸ 59).

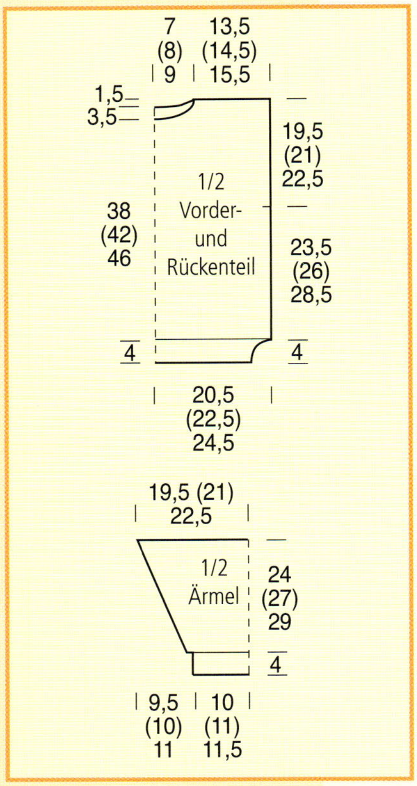

Gestreifter Kinderpulli

Kinderpullis machen wirklich Spaß: Zum einen, weil sie so klein sind und dadurch recht schnell fertig. Zum anderen, weil Minis sich maximal über einen selbst gestrickten Kuschelpulli freuen.

Größe:
116/122, 128/134, 140/146

Material:

- „Bingo" von Lana Grossa (100 % Schurwolle, Lauflänge 80 m/50 g): ca. 150 g Orange 74, je ca. 100 g Wollweiß 5, Rot 44 und Dunkelblau 14, 50 g Hellblau 43
- Stricknadeln Nr. 5,5 und 6
- Rundstricknadel Nr. 5,5

Muster und Maschenprobe siehe gestreifter Herrenpulli Seite 34.
Streifenfolge A in Reihen: Je 2 Wollweiß, Hellblau, Dunkelblau, Orange, 10 Rot, * je 2 Orange, Wollweiß, Hellblau, Dunkelblau, 10 Wollweiß, je 2 Orange, Dunkelblau, Hellblau, Wollweiß, Rot, 10 R Orange, je 2 Wollweiß, Hellblau, Dunkelblau, Rot, Orange, 10 R Dunkelblau * 2 Wollweiß, 26 (36) 44 Orange = 104 (114) 122 Reihen.
Streifenfolge B in Reihen: Laut Streifenfolge A ab * arbeiten bis 58 (64) 70 Reihen gestrickt sind.

So wird es gemacht:

Der Schnitt zeigt alle Maße. Abweichende Angaben für Größe 128/134 bzw. 140/146 stehen in Klammern bzw. danach. Ist nur eine Angabe gemacht, so gilt sie für alle Größen.
Rückenteil: 70 (76) 84 Maschen in Orange anschlagen (▸ 6) und für den Bund 4 cm im Rippenmuster stricken. Danach glatt rechts laut Streifenfolge A mit Farbwechsel am Rand (▸ 30) weiterarbeiten. Für den Halsausschnitt nach 41,5 cm = 100 Reihen (46 cm = 110 Reihen) 49,5 cm = 118 Reihen ab Bund die mittleren 20 (24) 26 Maschen abketten und beide Seiten getrennt beenden (▸ 34). Für die Rundung am inneren Rand in der folgenden 2. Reihe 1 x 2 Maschen abketten. Die restlichen je 23 (24) 27 Schultermaschen nach 43 cm = 104 Reihen (47,5 cm = 114 Reihen) 51 cm = 122 Reihen ab Bund abketten (▸ 8)
Vorderteil: Genauso, jedoch bei der 2. und 3. Größe die Rippen mit 2 Maschen links beginnen und alle Größen mit tieferem Halsausschnitt arbeiten. Dafür bereits nach 38 cm = 92 Reihen (42 cm = 100 Reihen) 46 cm = 110 Reihen ab Bund die mittleren 14 (18) 20 Maschen abketten und in jeder 2. Reihe 1 x 2 und 3 x je 1 Masche abketten.
Ärmel: 26 (30) 30 Maschen in Rot anschlagen und für den Bund 4 cm im Rippenmuster stricken, dabei in der letzten Runde gleichmäßig verteilt 8 (8) 10 Maschen rechts verschränkt aus dem Querfaden herausstricken (▸ 24) = 34 (38) 40 Maschen. Danach glatt rechts laut Streifenfolge B mit Farbwechsel am Rand weiterarbeiten. Gleichzeitig für die Ärmelschrägung ab Bund beidseitig 8 x in jeder 4. Reihe und 8 x abwechselnd einmal in der 2. und einmal in der 4. Reihe (14 x in jeder 4. Reihe und 3 x in jeder 2. Reihe) 16 x in jeder 4. Reihe und 2 x in jeder 2. Reihe je 1 Masche rechts verschränkt aus dem Querfaden neben der Randmasche herausstricken (▸ 24) = 66 (72) 76 Maschen. Nach 24 cm = 58 Reihen (27 cm = 64 Reihen) 29 cm = 70 Reihen ab Bund alle Maschen abketten.

Fertigstellung: Schulternähte im Maschenstich (▸ 58) schließen. Aus dem Halsausschnittrand mit der Rundstricknadel in Dunkelblau ca. 64 (72) 80 Maschen auffassen (▸ 36) und 3 cm im Rippenmuster stricken. Ärmel einsetzen (▸ 59), Seitennähte und Ärmelnähte im Matratzenstich (▸ 59) schließen.

Projekt 10

Hält Leib und Seele warm

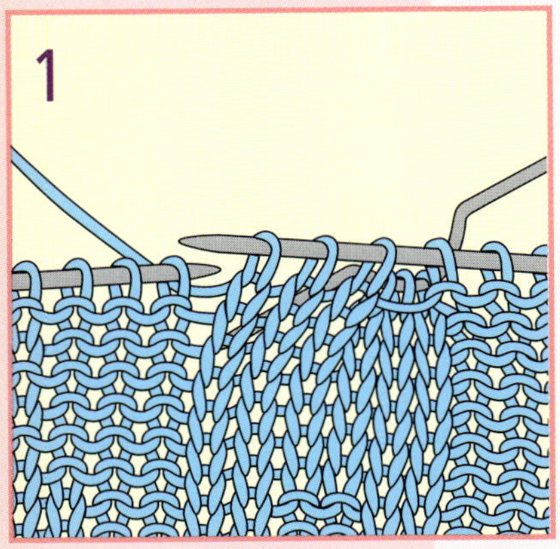

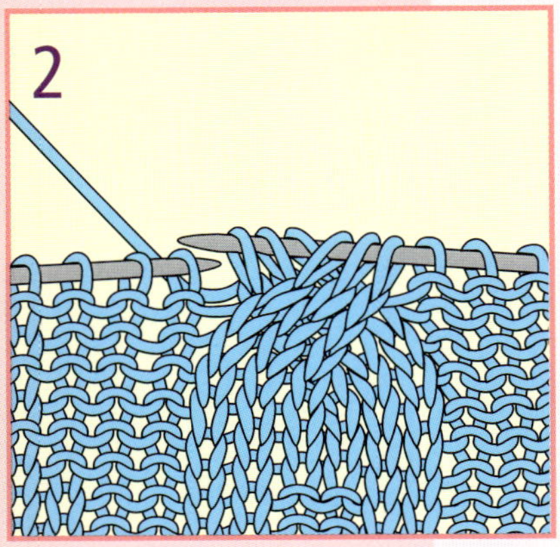

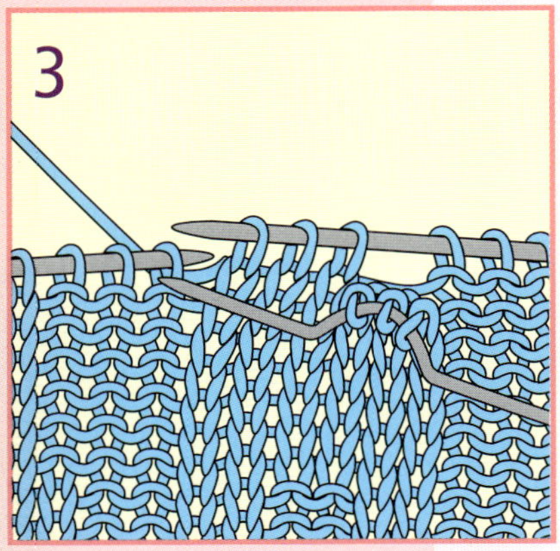

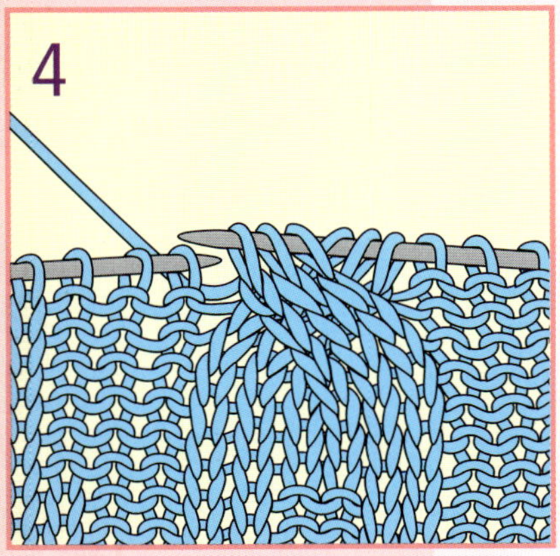

Den Dreh für die dekorativen Zöpfe haben Sie bestimmt schnell raus und damit gehören diese Klassiker der Mustermaschen auch schon zu Ihrem Repertoire!

Wärmflaschenbezug

Größe:
Wärmflasche ca. 20 x 35 cm

Material:
- „Cool Wool Big" von Lana Grossa (100 % Schurwolle, Lauflänge 120 m/50 g): 150 g Wollweiß 601
- Stricknadeln Nr. 5
- Zopf- oder Hilfsnadel Nr. 4,5
- Nadelspiel Nr. 5

Glatt rechts: Hinreihe rechte Maschen (▸ 8), Rückreihe linke Maschen (▸ 10).
Rippenmuster: 2 Maschen rechts (▸ 8), 2 Maschen links (▸ 10) im Wechsel.
Perlmuster: 1 Masche rechts (▸ 8), 1 Masche links (▸ 10) im Wechsel, in jeder Reihe um eine Masche versetzen.
Zopfmuster 1 und 2: Laut Strickschrift 1 und 2 arbeiten (▸ 28). Die 12 Maschen in der Breite 1-mal stricken und die 1.–10. Reihe fortlaufend wiederholen. In den nicht gezeichneten Rückreihen die Maschen stricken, wie sie erscheinen.
Maschenprobe (▸ 12): 20 Maschen und 28 Reihen glatt rechts = 10 x 10 cm.

So wird es gemacht:
Die Wärmflaschenhülle wird in einem Stück gestrickt, Maße siehe Schnitt. 46 Maschen anschlagen (▸ 6) und mit Knötchenrand (▸ 10) 8 Reihen im Rippenmuster stricken. Dann die Maschen wie folgt einteilen: Randmasche, 5 Maschen glatt rechts, 12 Maschen Zopf 1, 10 Maschen Perlmuster, 12 Maschen Zopf 2, 5 Maschen glatt rechts, Randmasche. Die Zöpfe wie folgt arbeiten:

Grundkurs

Zöpfe stricken
Alle Zöpfe entstehen nach demselben Prinzip: Die Reihenfolge der Maschen auf der Nadel wird verändert. Dazu wird eine Hilfsnadel benötigt, die etwa 1/2 Stärke dünner als die Arbeitsnadel ist. Praktisch ist eine extra kurze so genannte Zopfnadel, bei der das Mittelstück gebogen ist.

Verzopfung nach rechts
1. Dafür 3 Maschen auf die Hilfsnadel heben, ohne sie zu stricken. Diese Maschen **hinter** die Arbeit legen und die folgenden 3 Maschen der linken Nadel rechts stricken.
2. Dann die 3 Maschen der Hilfsnadel rechts abstricken. Diese Verzopfung wird, wie in der Strickschrift angegeben, in der 7. und nachfolgend in jeder 10. Reihe ausgeführt.

Verzopfung nach links
3. 3 Maschen auf die Hilfsnadel nehmen und **vor** die Arbeit legen, die folgenden 3 Maschen der linken Nadel rechts stricken.
4. Dann die 3 Maschen der Hilfsnadel rechts abstricken. Diese Verzopfung wird, wie in der Strickschrift angegeben, in der 7. und nachfolgend in jeder 10. Reihe ausgeführt.

28 Reihen in dieser Musteraufteilung stricken, dann am rechten Rand 20 Maschen aufstricken (▸ 24) und am linken Rand 20 Maschen dazu anschlagen (▸ 26). Das Muster fortsetzen und über die beidseitig neu hinzugekommenen Maschen glatt rechts mit Knötchenrand (▸ 10) stricken. Nach weiteren 70 Reihen (= 25 cm) die mittleren 10 Maschen (= Perlmuster) abketten (▸ 8) und gleichzeitig an beiden Seiten die äußeren 5 Maschen abketten. Jede Seite getrennt beenden. Dabei in jeder 2. Reihe für die Rundung am inneren Rand 1 x 2 Maschen und 1 x 1 Masche abketten (= die 3 linken Maschen vor dem Zopf; dieser wird fortgesetzt). Gleichzeitig an beiden Außenseiten für den rückwärtigen Ausschnitt ebenfalls in jeder 2. Reihe 1 x 2 und 1 x 1 Masche abketten. Nach 3 cm = 8 Reihen Ausschnitthöhe die restlichen Maschen abketten (▸ 8). Die zweite Seite genauso beenden.

Fertigstellung: Die beiden Seitenteile nach hinten klappen und die hintere Naht im Matratzenstich (▸ 59) schließen, den unteren Übertritt nach hinten schlagen und rechts und links ebenfalls im Matratzenstich annähen. So entsteht ein verdeckter Eingriff (Hotelverschluss) zum Einlegen der Wärmflasche. Die obere Naht, rechts und links des Ausschnitts, schließen. Aus der Ausschnittkante 44 Maschen mit dem Nadelspiel auffassen (▸ 36) und 40 Runden im Rippenmuster stricken. Dann alle Maschen abketten. Die Fäden vernähen (▸ 30).

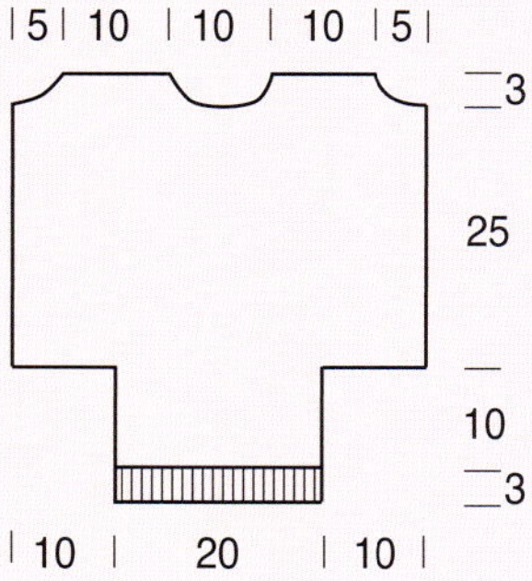

Zeichenerklärung:

| = 1 Masche rechts (▸ 8)

— = 1 Masche links (▸ 10)

3 3 = 6 Maschen nach links verzopfen: 3 Maschen auf eine Zopfnadel **vor** die Arbeit legen, 3 Maschen rechts stricken, dann die Maschen der Zopfnadel rechts stricken

3 3 = 6 Maschen nach rechts verzopfen: 3 Maschen auf eine Zopfnadel **hinter** die Arbeit legen, 3 Maschen rechts stricken, dann die Maschen der Zopfnadel rechts stricken

Strickschrift 1

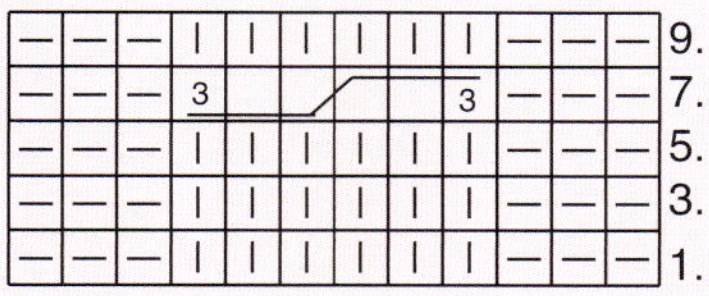

Strickschrift 2

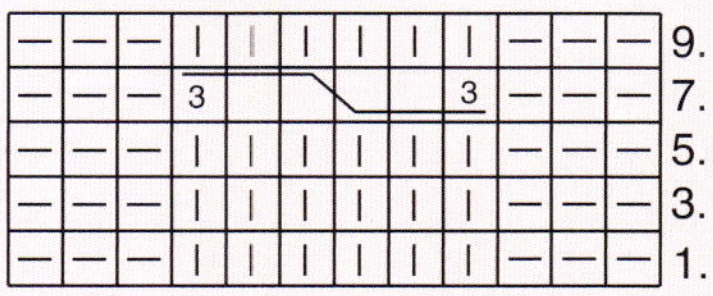

Projekt 11

Irisch gemustert

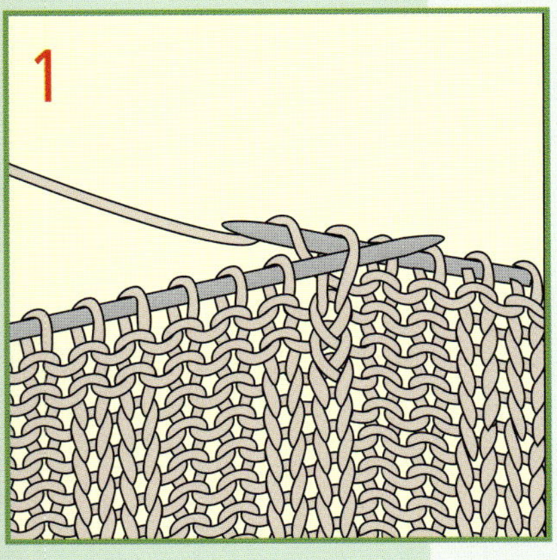

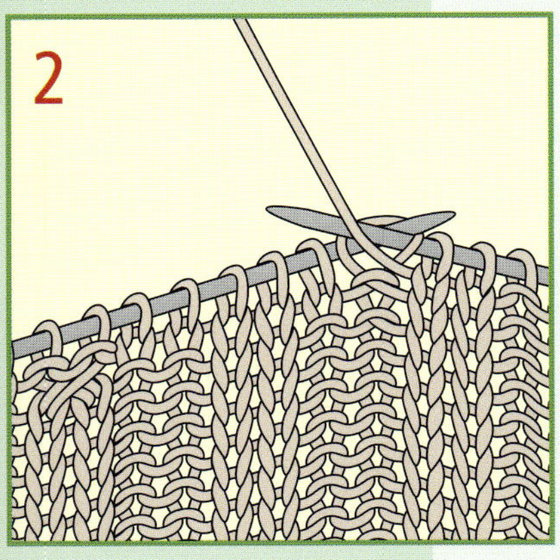

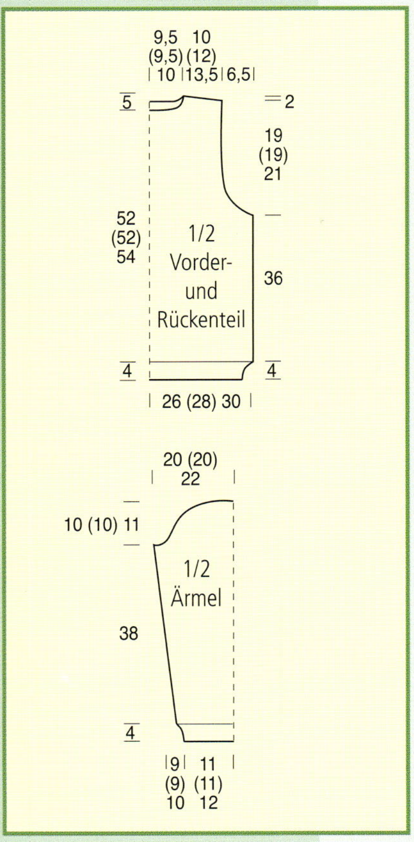

Neuland betreten Sie hier bei den verkreuzten Maschen, die die Rauten bilden, und bei den verschränkten Maschen, die das Muster „rahmen".

Musterpulli in Tweed Natur

Größe:
36/38, 40/42, 44/46

Material:

- „Royal Tweed" von Lana Grossa (100 % Merinowolle, Lauflänge 100 m/50 g): ca. 500 g Natur 29
- Stricknadeln Nr. 4,5 und 5
- Rundstricknadel Nr. 4,5
- Hilfs- oder Zopfnadel

Rippenmuster: 2 Maschen rechts (▸ 8), 2 Maschen links (▸ 10) im Wechsel.
Glatt links: Hinreihe linke Maschen (▸ 10), Rückreihe rechte Maschen (▸ 8).
Großes Perlmuster: 1. Reihe: 1 Masche rechts (▸ 8), 1 Masche links (▸ 10) im Wechsel; 2. und 4. Reihe: Die Maschen stricken, wie sie erscheinen; 3. Reihe: wie 1. Reihe, jedoch um eine Masche versetzt. Die 1.–4. Reihe stets wiederholen.
Zopf-Rautenmuster: Laut Strickschrift 1 arbeiten (▸ 28). Es sind nur Hinreihen gezeichnet, in den Rückreihen die Maschen stricken, wie sie erscheinen bzw. wie in der Strickschrift angegeben. Den Mustersatz 3 x wiederholen, dann mit den Maschen bis Pfeil enden. In der Höhe die 1.–18. Reihe so oft wiederholen bis 82 Reihen (= 4 1/2 Rapporte) gestrickt sind.
Strukturmuster: Laut Strickschrift 2 arbeiten (▸ 28). Wie beim Zopf-Rautenmuster beschrieben stricken. In der Höhe die 1.–4. Reihe fortlaufend wiederholen.
Maschenprobe (▸ 12) im Streifenmuster: 17 Maschen und 23 Reihen = 10 x 10 cm.

So wird es gemacht:

Der Schnitt zeigt alle Maße im Überblick. Abweichende Angaben für Größe 40/42 bzw. 44/46 stehen in Klammern bzw. hinter der Klammer. Ist nur eine Angabe gemacht, so gilt diese für alle Größen.
Rückenteil: 88 (96) 102 Maschen mit Nadeln Nr. 4,5 anschlagen (▸ 6) und für den Bund 4 cm im Rippenmuster stricken. Dann mit Nadeln Nr. 5 weiterarbeiten und die Maschen wie folgt aufteilen: Randmasche (▸ 10), 3 (7) 10 Maschen glatt links,

Strickschrift 1

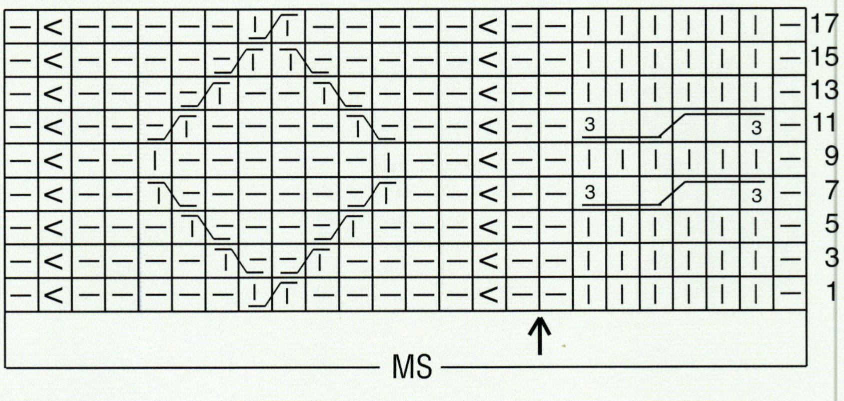

Strickschrift 2

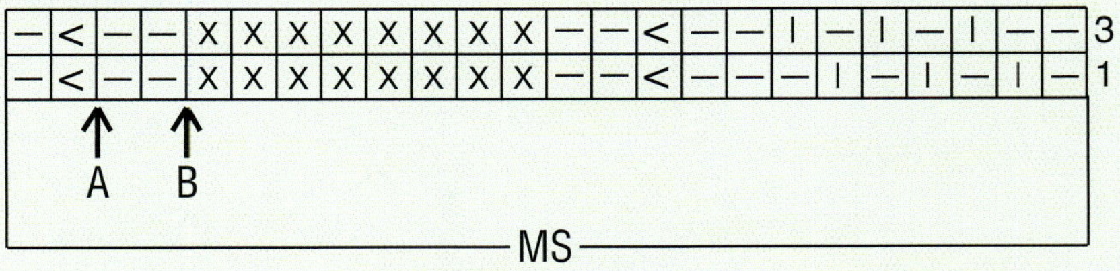

80 Maschen Zopf-Rautenmuster, 3 (7) 10 Maschen glatt links, Randmasche. In diesem Muster werden Maschen verschränkt gestrickt.

Grundkurs

Verschränkte Maschen
Sie bilden eine deutlich sichtbare, erhabene Linie im Maschenbild und werden daher oft als „Rahmen" für Musterstreifen eingesetzt.

1. In der Hinreihe wird die Masche rechts verschränkt. Dafür in das hintere Maschenglied einstechen und den Faden wie beim Rechtsstricken durchholen.

2. In der Rückreihe diese Masche links verschränkt stricken. Dafür den Faden vor legen, von hinten in das hintere Maschenglied einstechen und den Faden wie beim Linksstricken durchholen.

Fortsetzung Seite 42

Zeichenerklärung:

[I] = 1 Masche rechts (▸ 8)

[–] = 1 Masche links (▸ 10)

[X] = 1 Masche kraus: Hin- und Rückreihe rechte Maschen stricken

[<] = 1 Masche rechts verschränkt, in den Rückreihen links verschränkt stricken

[I/I] = 2 Maschen nach rechts verkreuzen, rechts: 1 Masche auf eine Zopfnadel hinter die Arbeit legen, die folgende Masche rechts stricken, die Masche der Zopfnadel rechts stricken (▸ 42)

[–/I] = 2 Maschen nach rechts verkreuzen, rechts/links: 1 Masche auf eine Zopfnadel **hinter** die Arbeit legen, die folgende Masche rechts stricken, die Masche der Zopfnadel links stricken (▸ 42)

[I\–] = 2 Maschen nach links verkreuzen links/rechts: 1 Masche auf eine Zopfnadel **vor** die Arbeit legen, die folgende Masche links stricken, die Masche der Zopfnadel rechts stricken (▸ 42)

[3 / 3] = 6 Maschen nach rechts verzopfen: 3 Maschen auf eine Zopfnadel **hinter** die Arbeit legen, 3 Maschen rechts, die Maschen der Zopfnadel rechts stricken (▸ 38)

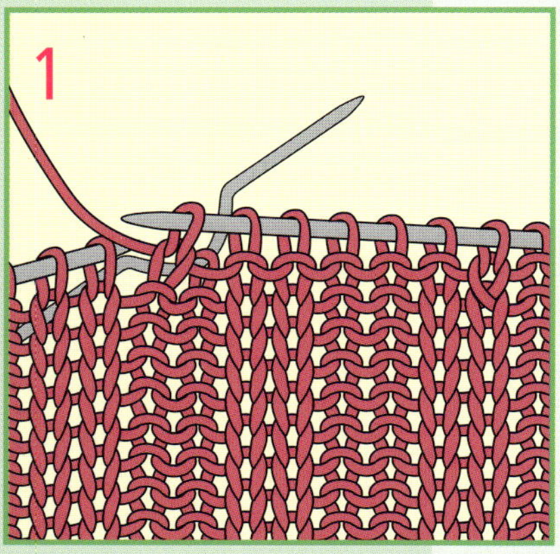

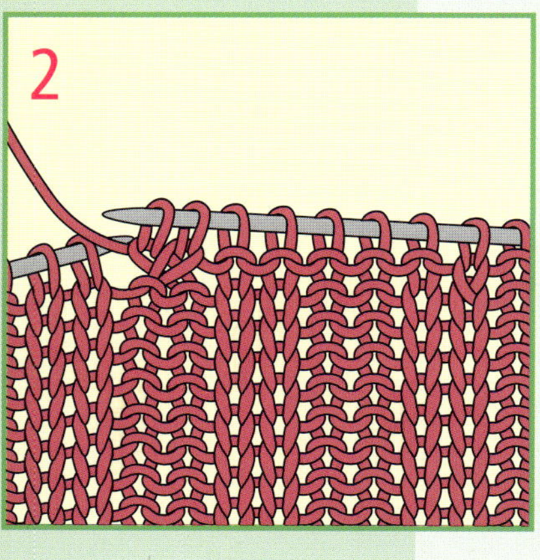

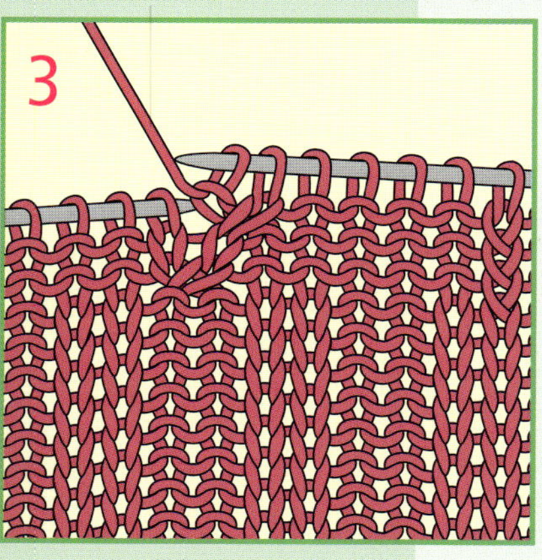

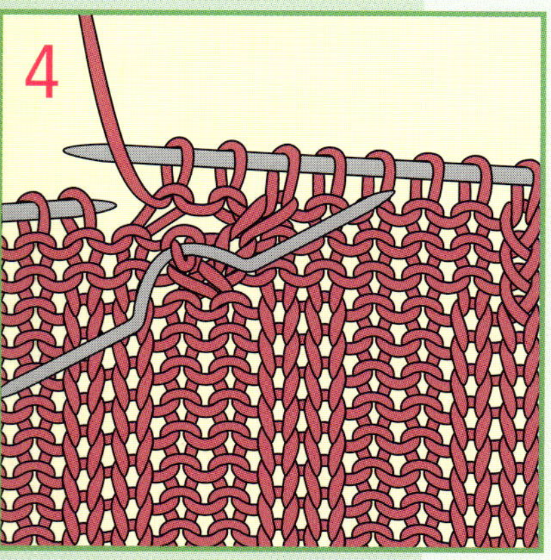

Fortsetzung von Seite 41

Die Rauten werden durch unterschiedlich verkreuzte Maschen gebildet.

Grundkurs

Verkreuzte Maschen
Wie beim Zopf ändert sich die Reihenfolge der Maschen und es kommt eine Hilfs- oder Zopfnadel zum Einsatz. Die Zeichen in der Strickschrift geben jeweils an, in welche Richtung verkreuzt wird und welche Maschen dabei rechts oder links gestrickt werden.

1. 2 Maschen nach rechts verkreuzen, rechts: 1 Masche auf eine Zopfnadel hinter die Arbeit legen, die folgende Masche rechts stricken.
2. Die Masche der Zopfnadel rechts stricken.
3. 2 Maschen nach rechts verkreuzen, rechts/links: Wie in 1 eine Masche auf eine Zopfnadel hinter die Arbeit legen, die folgende Masche rechts stricken, dann jedoch die Masche der Zopfnadel links stricken.
4. 2 Maschen nach links verkreuzen, links/rechts: 1 Masche auf eine Zopfnadel vor die Arbeit legen, die folgende Masche links stricken.
5. Die Masche der Zopfnadel rechts stricken.

Nach 36 cm = 82 Reihen ab Bund für die Armausschnitte beidseitig 1 x 4, dann in jeder 2. Reihe 1 x 2 und 5 x 1 M abketten (▶ 8) = 66 (74) 80 Maschen. Nach 55 (55) 57 cm = 126 (126) 130 Reihen ab Bund für die Schulterschräge beidseitig in jeder 2. Reihe 2 x 6 und 1 x 5 (3 x 7) 2 x 8 und 1 x 7 Maschen abketten. Gleichzeitig mit Beginn der Schulterschräge für den Halsausschnitt die mittleren 22 (22) 24 Maschen abketten und beide Seiten getrennt beenden (▶ 34). Am Ausschnittrand in jeder 2. Reihe 1 x 2 und 1 x 3 Maschen abketten.
Vorderteil: Genauso, jedoch mit tieferem Halsausschnitt arbeiten. Dafür bereits nach 52 (52) 54 cm = 120 (120) 124 Reihen ab Bund die mittleren 16 (16) 18 Maschen abketten und beide Seiten getrennt beenden. Am

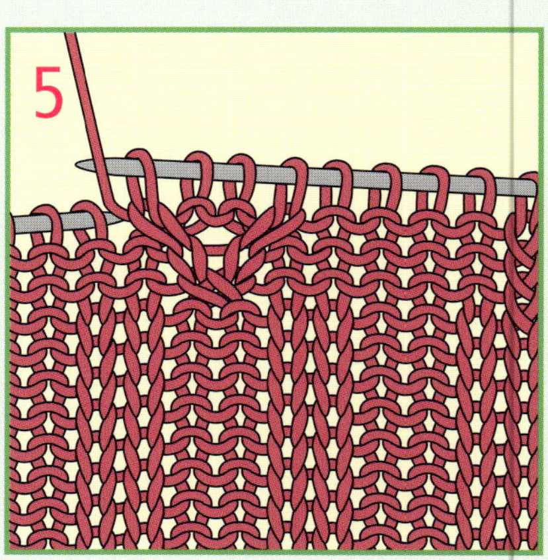

Ausschnittrand in jeder 2. Reihe 1 x 4 und 2 x 2 Maschen abketten.
Ärmel: 38 (38) 42 Maschen mit Nadeln Nr. 4,5 anschlagen (▶ 6) und für den Bund 4 cm im Rippenmuster stricken. Mit Nadeln Nr. 5 im Strukturmuster wie folgt weiterarbeiten: Randmasche, die Maschen ab Pfeil A (A) B, dann den Mustersatz fortlaufend stricken und mit Randmasche enden. Gleichzeitig für die Ärmelschrägung 12 (12) 8 x in jeder 6. Reihe und 3 (3) 9 x in jeder 4. Reihe beidseitig 1 Masche rechts verschränkt aus dem Querfaden nach bzw. vor der Randmasche herausstricken (▶ 24) = 68 (68) 76 Maschen. Die neu hinzukommenden Maschen im Strukturmuster stricken, d. h. das Muster nach beiden Seiten erweitern. Für die Armkugel nach 38 cm = 88 Reihen ab Bund beidseitig 4 Maschen abketten (▶ 8), dann in jeder 2. Reihe noch 1 x 2, 2 x 1, 4 (4) 5 x 2 und 4 x 3 Maschen und die mittleren 12 (12) 16 Maschen auf einmal abketten.

Fertigstellung: Fäden vernähen (▶ 30). Die Pulloverteile leicht anfeuchten und laut der im Schnitt stehenden Maße spannen und trocknen lassen. Schulternähte im Maschenstich (▶ 58) schließen.
Für die Halsausschnittblende mit der Rundstricknadel ca. 76 (76) 80 Maschen aus dem Halsausschnittrand auffassen (▶ 36) und 5 cm im Rippenmuster stricken, danach alle Maschen abketten (▶ 8). Seitennähte und Ärmelnähte im Matratzenstich (▶ 59) schließen. Ärmel einsetzen (▶ 59).

Musterpulli in Tweed Pink

Ein kräftiges Pink gibt dem Klassiker hier eine frische Optik und hilft garantiert gegen jede Form von Winterblues.

Größe:
36/38, 40/42, 44/46

Material:
- „Royal Tweed" von Lana Grossa (100 % Merinowolle, Lauflänge 100 m/50 g): ca. 500 g Pink 26
- Stricknadeln Nr. 4,5 und 5
- Rundstricknadel Nr. 4,5
- Hilfs- oder Zopfnadel

Muster, Maschenprobe, Anleitung, Schnitt und Strickschriften: wie Musterpulli in Tweed Natur auf Seite 40.

Projekt 12

Gut zu Fuß

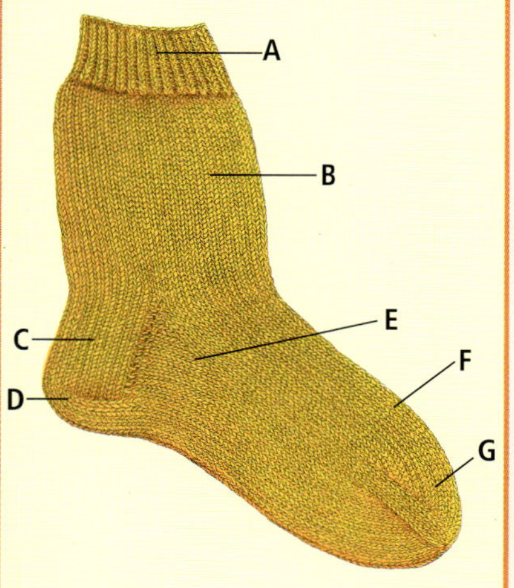

Kleine Socken-Terminologie
A = Bund oder Bündchen
B = Schaft
C = Fersenwand, umschließt die Ferse hinten
D = Käppchen, sitzt am Fuß unter der Ferse
E = Zwickel, das ist der Übergang zwischen Ferse und Fuß
F = Fuß, wird wieder über alle 4 Nadeln gestrickt
G = Bandspitze, das gute Ende

Keine Angst vor Ferse, Spitze und Co., der Lehrgang zeigt ganz genau wie es geht! Und ist das erste Paar gestrickt, dann gibt es bestimmt kein Halten mehr.

Socken in Power-Farben

Größe laut Größentabelle

Material:
- „Meilenweit" von Lana Grossa (80 % Schurwolle, 20 % Polyamid, Lauflänge 210 m/50 g): je ca. 50 g Gelb 1283 für Größe 22/23, je ca. 100 g Rot-Gelb-meliert 1328 für Größe 28/29, je ca. 100 g Pink 1313 für Größe 32/33, je ca. 100 g Rot 1324 für Größe 36/37, je ca. 150 g Grün 1322 für Größe 42/43
- Nadelspiel Nr. 2,5

Rippenmuster: 1 Masche rechts (▸ 8), 1 Masche links (▸ 10) im Wechsel.
Glatt rechts: In Runden nur rechte Maschen stricken, in Reihen Hinreihe rechte Maschen, Rückreihe linke Maschen.
Kraus rechts: Hinreihe und Rückreihe rechte Maschen.
Maschenprobe (▸ 12): 28 Maschen und 40 Reihen/Runden = 10 x 10 cm.

So wird es gemacht:

Grundkurs

Socken stricken

Maschen entsprechend der Größentabelle für die gewünschte Größe anschlagen (▸ 6) und in Runden stricken (▸ 14). Dafür die Maschen gleichmäßig auf die 4 Nadeln des Nadelspiels verteilen. Der Anfangsfaden markiert den Rundenübergang, der immer in der rückwärtigen Mitte zwischen der 4. und 1. Nadel liegt. Den Umschlag im Rippenmuster stricken: für Größe 20–27 ca. 5 cm, für Größe 28–31 ca. 7 cm, für Größe 32–35 ca. 8 cm, ab Größe 36 ca. 9 cm. Dann den Schaft glatt rechts in Runden stricken, für Größe 20–27 ca. 7 cm, für Größe 28–31 ca. 9 cm, für Größe 32–35 ca. 10 cm, für Größe 36–39 ca. 12 cm, Größe 40–42 ca. 14 cm, ab Größe 43 ca. 16 cm, jeweils ab Bund gemessen.

Fortsetzung Seite 46

Größentabelle für Socken

Maschenprobe: 28 Maschen und 40 Reihen/Runden = 10 x 10 cm

Größe	20/21	22/23	24/25	26/27	28/29	30/31	32/33	34/35	36/37	38/39	40/41	42/43	44/45	46/47
Gesamtfußlänge in cm	13,5	14,5	16	17,5	19	20	21,5	23	24,5	25,5	27	28	29	30,5
Maschenanschlag	40	44	48	48	52	52	56	56	60	60	64	64	68	72
Fersenwandbreite in Maschen	20	22	24	24	26	26	28	28	30	30	32	32	34	36
Fersenwandhöhe in Reihen	16	18	20	20	22	22	24	24	26	26	28	28	30	32
Maschenzahl für das Käppchen	6	8	8	8	10	10	10	10	10	10	12	12	12	12
Maschenaufnahme beidseitig	8	9	10	10	11	11	12	12	13	13	14	14	15	16
Fußlänge bis Spitzenbeginn (Gesamtfußlänge minus Spitze)	10	11	12	13,5	15	16	17	18,5	19,5	20,5	21,5	22,5	23	24

Sind gleich
wieder da

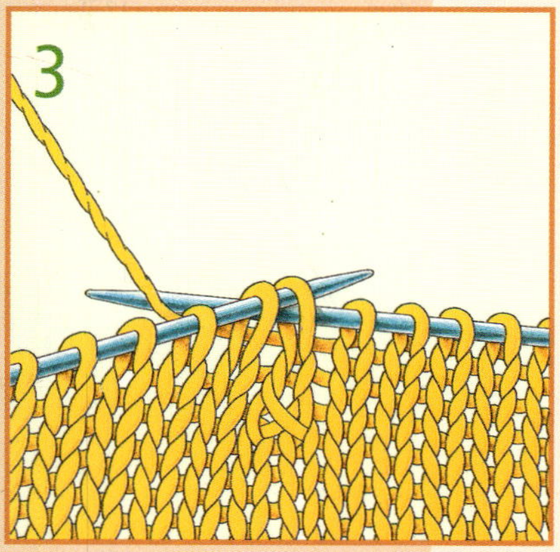

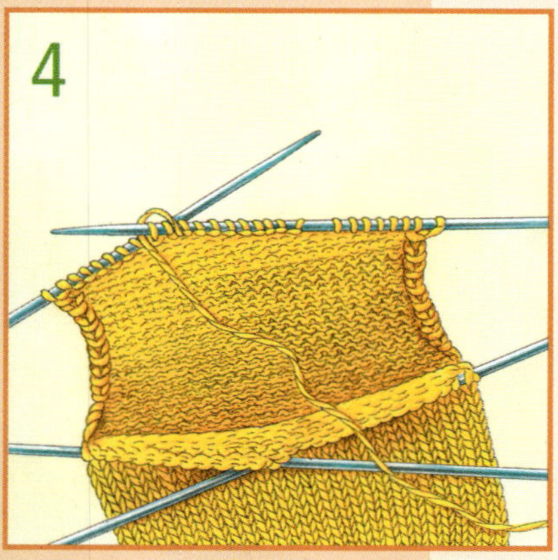

Fortsetzung von Seite 44

1. Für die Fersenwand dann die Maschen der 1. und 4 Nadel zusammen auf eine Nadel nehmen und nur über diese Maschen glatt rechts in Reihen stricken, dabei jedoch die beiden äußeren Maschen der Fersenwand kraus rechts arbeiten. Die Maschen der 2. und 3. Nadel sind stillgelegt. In der Größentabelle ist angegeben wie viele Reihen je Größe für die Fersenwand gestrickt wird.

2. Das Fersenkäppchen stricken: Dafür die Maschen der Fersenwand durch drei teilen. Nur über das mittlere Drittel glatt rechts stricken und dabei nach und nach die äußeren Maschen wie folgt mitstricken:

3. In Hinreihen immer die letzte Masche des mittleren Drittels mit der folgenden Masche des äußeren linken Drittels rechts verschränkt zusammenstricken. Dafür mit der rechten Nadel hinten durch beide Maschen stechen, Faden holen und durchziehen, die Maschen von der Nadel gleiten lassen, wenden und die 1. Masche links abheben.

4. In den Rückreihen immer die letzte Masche mit der folgenden Masche des äußeren rechten Drittels links zusammenstricken (▸ 16), wenden und die 1. Masche rechts abheben.

5. Durch das Zusammenstricken entstehen rechts und links des mittleren Drittels Lücken, und man sieht deutlich, wo die Reihe beginnt und endet. Das Käppchen so weiter stricken, bis alle äußeren Maschen aufgebraucht sind und nur noch die Maschen des mittleren Drittel übrig bleiben.

6. In Runden weiterstricken, die Maschen wie folgt auf 4 Nadeln verteilen: Die Käppchenmaschen je zur Hälfte auf die 1. und 4. Nadel nehmen. Mit der 1. Nadel aus dem linken seitlichen Rand der Fersenwand aus jeder 2. Reihe 1 Masche auffassen (▸ 36). Die stillgelegten Maschen der 2. und 3. Nadel wieder mitstricken. Mit der 4. Nadel aus dem rechten seitlichen Rand der Fersenwand aus jeder 2. Reihe 1 Masche auffassen.

7. Die seitlich aus der Fersenwand aufgenommenen Maschen für den

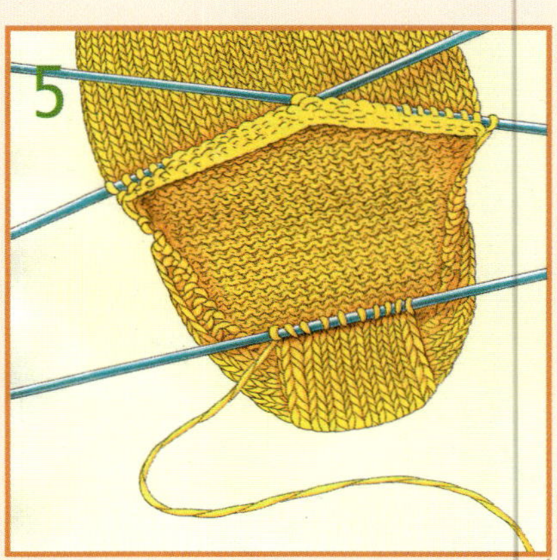

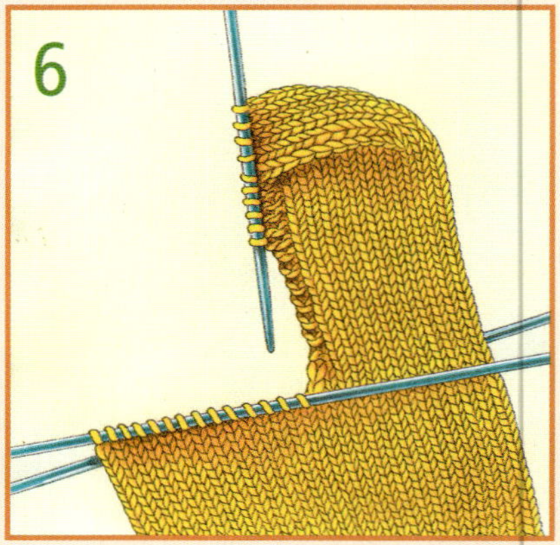

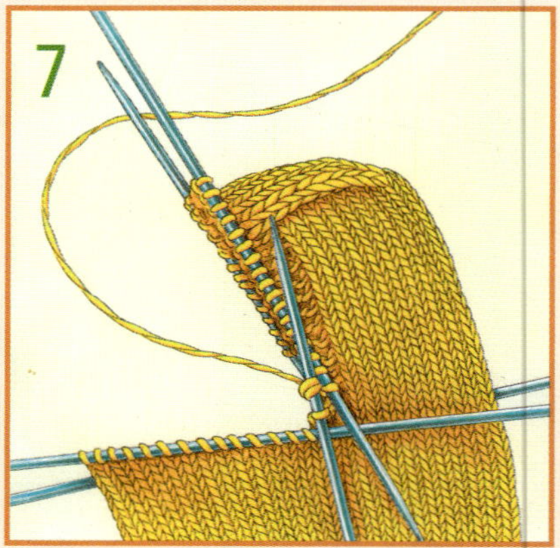

Zwickel wieder abnehmen. Dazu in jeder 2. Runde auf der 1. Nadel die dritt- und zweitletzte Masche rechts zusammenstricken (▸ 16) sowie auf der 4. Nadel die zweite Masche rechts abheben, die dritte Masche rechts stricken, dann die abgehobene Masche überziehen. Diese Abnahmen so oft wiederholen, bis auf der 1. und 4. Nadel wieder so viele Maschen sind, wie bei Fersenbeginn. Den Fuß glatt rechts in Runden stricken, die Fußlänge steht in der Größentabelle, sie wird jeweils vom Käppchenbeginn bis zum Spitzenbeginn (Ende des kleinen Fußzehs) gemessen.

8. Die Bandspitze glatt rechts stricken, dabei wie folgt Maschen abnehmen: Auf der 1. und 3. Nadel jeweils die dritt- und zweitletzte Masche rechts zusammenstricken, sowie auf der 2. und 4. Nadel jeweils die zweite Masche rechts abheben, die dritte Masche rechts stricken, dann die abgehobene Masche überziehen. Diese Abnahmen nur in jeder 2. Runde arbeiten und so oft wiederholen, bis nur noch die Hälfte der Maschen vorhanden ist. Dann in jeder Runde auf diese Art abnehmen. Die letzten 8–12 Maschen mit doppeltem Faden fest zusammenziehen.

Die Fäden vernähen (▸ 30), den Bund zur Hälfte nach außen umschlagen.

Jacquardsocken

Hat man einmal den Bogen raus, ist das Sockenstricken ganz einfach! Dann sind auch dekorative Bordüren kein Problem mehr – zum Beispiel in Schwarz-Weiß.

Größe:
36–39

Material:
- „Meilenweit" von Lana Grossa (80 % Schurwolle, 20 % Polyamid, Lauflänge 210 m/50 g): ca. 100 g Weiß 1101, je ca. 50 g Schwarz 1106, Anthrazit 1105 und Grau 1104
- Nadelspiel Nr. 2,5

Jacquardmuster (▸ 33): Laut Zählmuster stricken.
Weitere Muster und Maschenprobe: Siehe Anleitung für Socken (▸ 44).

Zählmuster

So wird es gemacht:

Laut Anleitung für die Socken auf Seite 44 stricken, allerdings mit halb so hohem Bund, mit Einstrickbordüre und mit 3 Farben. Anschlag in Grau und nach dem Bund glatt rechts einmal die Jacquardbordüre laut Zählmuster stricken. Weiter in Weiß etwa 7,5 cm stricken. Dann die Ferse in Schwarz arbeiten, den Fuß in Weiß und die Bandspitze wieder in Anthrazit stricken.

Zeichenerklärung:
1 Kästchen = 1 Masche und 1 Reihe
- ▢ = Grau 1104
- ▢ = Anthrazit 1105
- ▢ = Weiß 1101
- ■ = Schwarz 1106

Projekt 13

Garneffekte

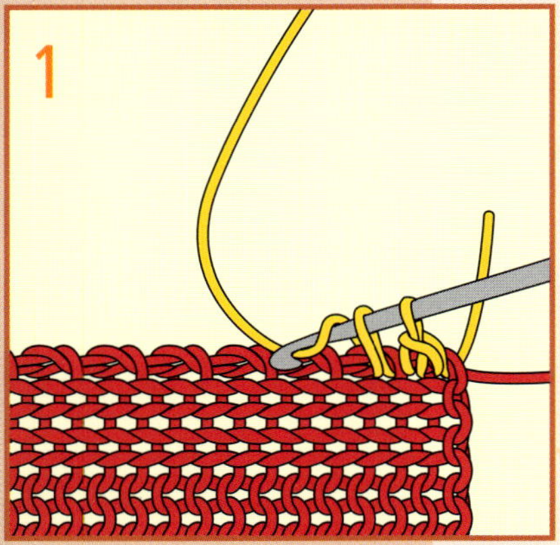

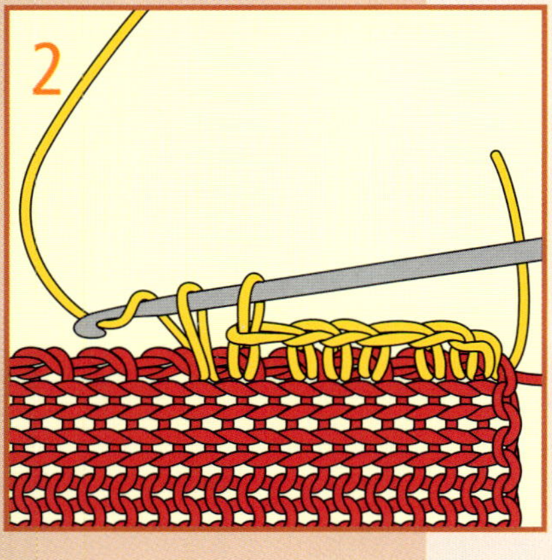

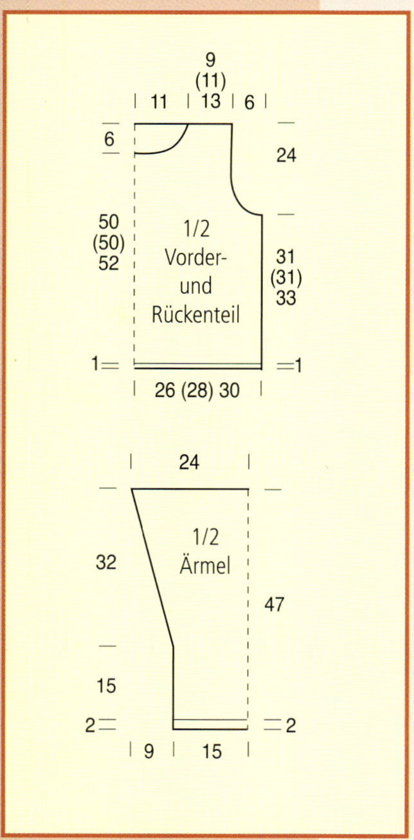

Bei diesen Jacken spielt das Material die Hauptrolle! Das Garn kommt glatt rechts am schönsten zur Geltung, das Stricken ist also null Problem.

Rote, hüftlange Jacke

Größe:
36/38, 40/42, 44/46

Material:

- „Favola" von Lana Grossa (40 % Merinowolle, 30 % Acryl, 30 % Polyamid, Lauflänge 60 m/50 g): ca. 400 g Rot 1
- Stricknadeln Nr. 7
- Rundstricknadel Nr. 7
- Häkelnadel Nr. 7
- 5 rote Perlmuttknöpfe von Jim Knopf, 28 mm Ø

Rippenmuster: 1 Masche rechts (▸ 6), 1 Masche links (▸ 10) im Wechsel.
Glatt rechts: Hinreihe rechte Maschen, Rückreihe linke Maschen.
Maschenprobe (▸ 12): 10 Maschen und 18 Reihen = 10 x 10 cm.

So wird es gemacht:

Der Schnitt zeigt alle Maße. Abweichende Angaben für Größe 40/42 bzw. 44/46 stehen in Klammern bzw. hinter der Klammer. Ist nur eine Angabe gemacht, so gilt diese für alle Größen.
Rückenteil: 52 (56) 60 Maschen mit Nadeln Nr. 7 anschlagen (▸ 6) und eine Rückreihe im Rippenmuster stricken. Dann glatt rechts weiterarbeiten. In 32 (32) 34 cm = 57 (57) 61 Reihen Gesamthöhe für die Armausschnitte beidseitig in jeder 2. Runde 1 x 2 Maschen und 4 x 1 Masche abketten (▸ 10) = 40 (44) 48 Maschen. In 57 (57) 59 cm = 103 (103) 107 Reihen Gesamthöhe alle Maschen abketten.
Linkes Vorderteil: 26 (28) 30 Maschen anschlagen (▸ 6) und eine Rückreihe im Rippenmuster stricken. Dann glatt rechts weiterarbeiten. Den Armausschnitt am rechten Rand wie beim Rückenteil arbeiten = 20 (22) 24 Maschen. In 51 (51) 53 cm = 93 (93) 95 Reihen Gesamthöhe für den Halsausschnitt am linken Rand 1 x 4 Maschen abketten. Für die Rundung in jeder 2. Reihe 1 x 3 Maschen und 2 x 2 Maschen abketten. In 57 (57) 59 cm = 103 (103) 107 Reihen Gesamthöhe die restlichen Maschen abketten.
Rechtes Vorderteil: Wie das linke Vorderteil, jedoch gegengleich arbeiten, d. h. den Armausschnitt am linken Rand und den Halsausschnitt am rechten Rand arbeiten.
Ärmel: Schulternähte im Maschenstich (▸ 58) schließen. Die Ärmel werden von oben nach unten angestrickt. Dafür aus dem Armausschnitt beidseitig der Schulternaht mit Nadeln Nr. 7 je 25 Maschen auffassen (▸ 36) = 50 Maschen und glatt rechts stricken. Für die Ärmelschrägen in jeder 6. Reihe 7 x 1 Masche, dann in jeder 8. Reihe 2 x 1 Masche beidseitig abketten (▸ 10) = 32 Maschen. Nach 47 cm = 86 Reihen Ärmellänge noch 2 Reihen im Rippenmuster stricken, dann alle Maschen abketten.
Den zweiten Ärmel ebenso arbeiten.

Fertigstellung: Seiten- und Ärmelnähte im Matratzenstich (▸ 59) schließen. Die Verschlussränder der Vorderteile behäkeln.

Grundkurs

Kanten umhäkeln

1. Mit der Häkelnadel zwischen Randmasche und 1. Masche einstechen und den Faden zu einer Schlinge durchholen. * Eine Reihe weiter links wieder zwischen Randmasche und 1. Masche einstechen und eine Schlinge durchholen. Den Faden um die Häkelnadel legen und durch beide Schlingen ziehen, also eine feste Masche häkeln.
2. Ab * stets wiederholen, dabei immer mal wieder 1 Reihe übergehen (in etwa nach jeder 3. Masche), sonst wellt sich der Rand.

Fortsetzung Seite 50

Fortsetzung von Seite 48

Am rechten Vorderteil vor dem Umhäkeln die Stellen für die 5 Knopflöcher mit Stecknadeln oder Kontrastfaden markieren: Das erste sitzt etwa 3 cm unterhalb des Halsausschnittrandes, dann folgen 4 weitere im Abstand von je 10 cm, das letzte Knopfloch sitzt etwa 8 (8) 10 cm von der unteren Kante entfernt.

Grundkurs

Gehäkeltes Knopfloch

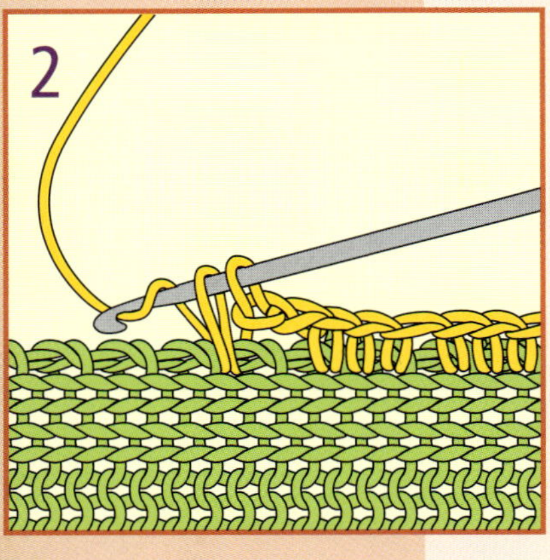

1. An den gekennzeichneten Stellen für das Knopfloch 2 Luftmaschen arbeiten.
2. Dafür zwei Reihen übergehen und erst wieder zwischen Randmasche und 1. Masche der drittnächsten Reihe einstechen. Bis zur nächsten gekennzeichneten Stelle weiter feste Maschen häkeln.

Beide Kanten zusätzlich mit einer Reihe Krebsmaschen behäkeln.

Grundkurs

Krebsmaschen

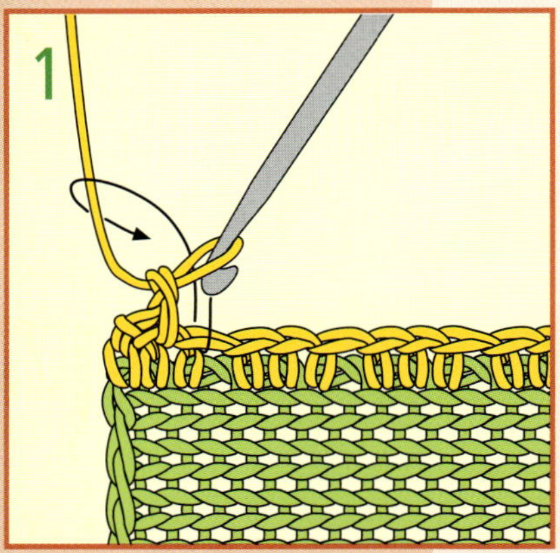

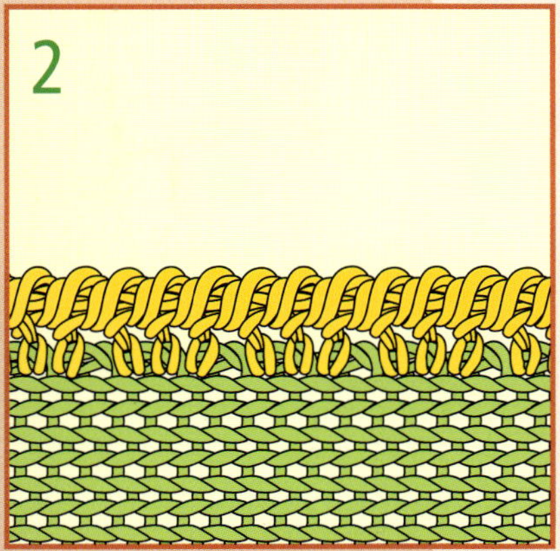

Krebsmaschen sind feste Maschen, die von links nach rechts, also rückwärts, gehäkelt werden. Sie werden direkt im Anschluss an die Reihe fester Maschen gehäkelt.
1. Dafür die Arbeit nach der letzten Masche nicht wenden. In die vorletzte feste Masche der Vorreihe einstechen und den Faden zur Schlinge durchholen. Den Faden um die Häkelnadel legen und durch beide Schlingen ziehen. Für jede weitere Krebsmasche sticht man rückwärts arbeitend in die nächste Masche der Vorreihe. An den Knopflöchern dementsprechend nur die Luftmaschen mit Krebsmaschen behäkeln.
2. Es ergibt sich eine feste und gleichmäßige Abschlusskante, die besonders dekorativ wirkt.

Aus dem inneren Halsausschnittrand mit Nadeln Nr. 7 ca. 47 Maschen auffassen (▸ 36) und 17 cm = 30 Reihen im Rippenmuster stricken. Die Maschen locker abketten und die Knöpfe annähen.

Grüne Longjacke

Andere Farbe, andere Länge – die Longjacke in Grün wird genauso gestrickt wie ihre kleine Schwester in Rot, nur eben etwas länger und im unteren Bereich weiter.

Größe:
36/38, 40/42, 44/46

Material:
- „Favola" von Lana Grossa (40 % Merinowolle, 30 % Acryl, 30 % Polyamid, Lauflänge = 60 m/50 g): ca. 650 g Grün 7
- Stricknadeln Nr. 7
- Rundstricknadel Nr. 7
- Häkelnadel Nr. 7
- 5 grüne Knöpfe von Jim Knopf, 28 mm Ø

Muster und Maschenprobe: wie Jacke auf Seite 48.

So wird es gemacht:
Wie die rote, hüftlange Jacke auf Seite 48 stricken, allerdings mit folgenden Änderungen:
Rückenteil: Mit 62 (66) 70 Maschen Anschlag beginnen und 2 Reihen im Rippenmuster stricken. Glatt rechts weiterstricken, dabei für die Schrägung beidseitig 5 x in jeder 16. Reihe eine Masche abketten (▸ 10) = 52 (56) 60 Maschen. In 50 (50) 52 cm = 90 (90) 94 Reihen Gesamthöhe mit den Abnahmen für den Armausschnitt beginnen, in 74 (74) 76 cm = 134 (134) 138 Reihen Gesamthöhe alle Maschen abketten.
Linkes Vorderteil: Anschlag 32 Maschen und 2 Reihen im Rippenmuster stricken. Glatt rechts weiterarbeiten, dabei die Schrägung und den Armausschnitt am rechten Rand wie beim Rückenteil arbeiten. Den Halsausschnitt am linken Rand in 68 (68) 70 cm = 122 (122) 126 Reihen Gesamthöhe wie bei der roten Jacke arbeiten. In 74 (74) 76 cm = 134 (134) 136 Rei-

hen Gesamthöhe die restlichen Maschen abketten.

Rechtes Vorderteil: Wie das linke Vorderteil, jedoch gegengleich, d. h. den Armausschnitt am linken Rand und den Halsausschnitt am rechten Rand, arbeiten.

Ärmel und Fertigstellung: Wie bei der roten Jacke auf Seite 48 beschrieben arbeiten, dabei die Knopflöcher wie folgt platzieren: Das erste sitzt etwa 7 cm unterhalb des Halsausschnittrandes, dann folgen 4 weitere im Abstand von je 10 cm, das letzte Knopfloch sitzt etwa 21 (21) 23 cm von der unteren Kante entfernt.

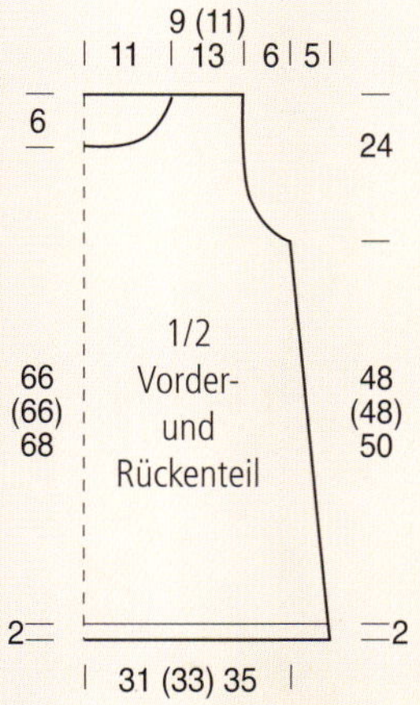

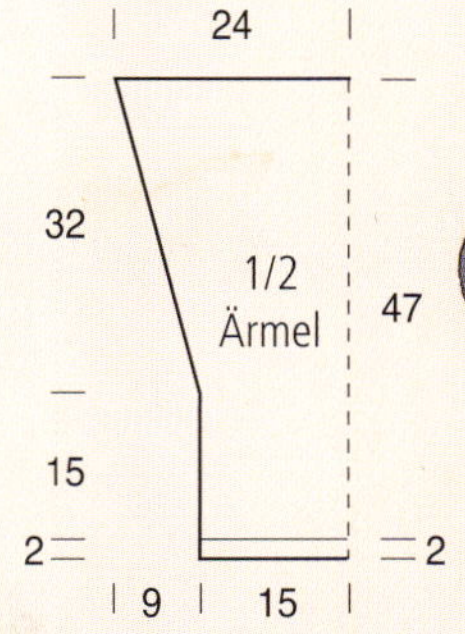

Projekt 14

Top-Variationen

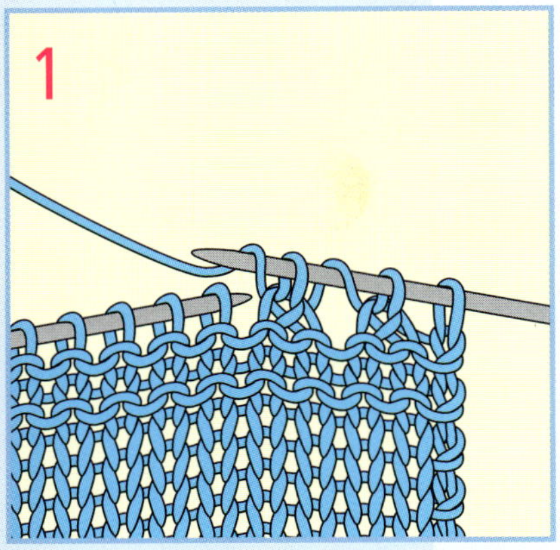

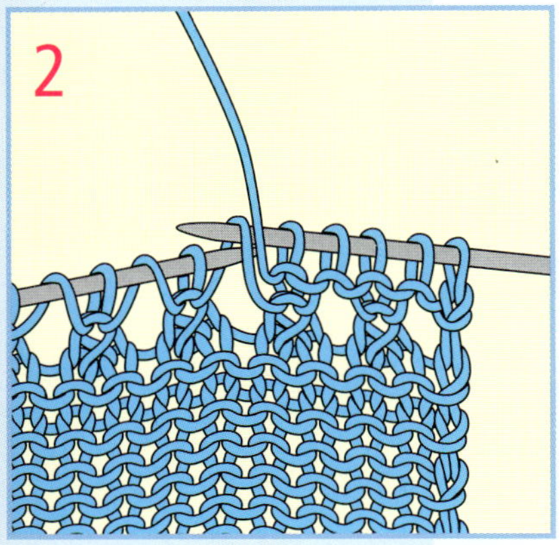

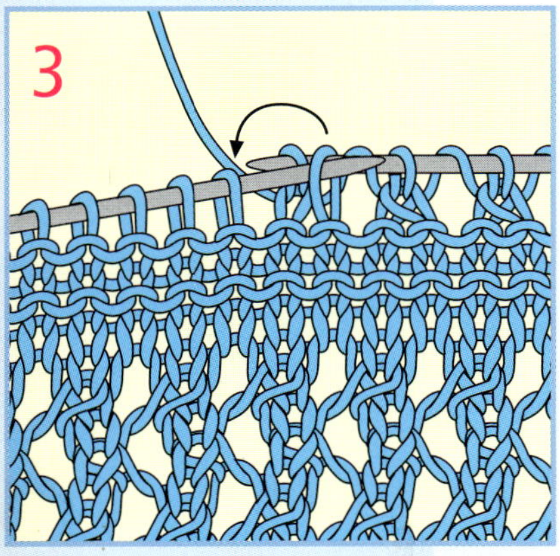

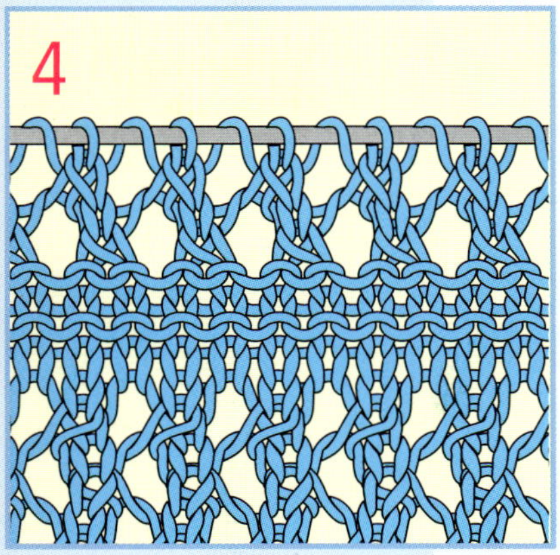

Luftig, leicht und sexy – das Lochmuster. Es entsteht durch Umschläge zwischen den Maschen; das Zusammenstricken oder Überziehen von Maschen gleicht diesen Zuwachs wieder aus.

Neckholder-Top in Türkis

Größe:
34/36, 38/40, 42/44

Material:
- „Stop " von Lana Grossa (50 % Viskose, 50 % Acryl, Lauflänge 105 m/ 50 g): ca. 250 g Türkis 9
- Stricknadeln Nr. 4
- Häkelnadel Nr. 4

Kraus rechts: Hin- und Rückreihe rechte Maschen (▸ 6).
Glatt rechts: Hinreihe rechte Maschen (▸ 6), Rückreihe linke Maschen (▸ 10).
Lochmuster 1 und 2: Laut Strickschrift 1 und 2, auf Seite 54, arbeiten (▸ 28). Es sind nur Hinreihen gezeichnet, in den Rückreihen alle Maschen und Umschläge links stricken. Mit 1 Randmasche (▸ 10) und der Masche vor dem Mustersatz beginnen, den Mustersatz stets wiederholen, enden mit der Masche nach dem Mustersatz und 1 Randmasche. Die 1.–4. Reihe stets wiederholen.
Musterfolge: (26 (26) 32 Reihen glatt rechts, 4 Reihen kraus rechts, 12 Reihen Lochmuster 1, 4 Reihen kraus rechts, 12 Reihen Lochmuster 2, 4 Reihen kraus rechts, 22 Reihen glatt rechts = 84 (84) 90 Reihen.
Maschenprobe (▸ 12) im Durchschnitt: 19 Maschen und 26 Reihen = 10 x 10 cm.

So wird es gemacht:
Der Schnitt, Seite 54, zeigt alle Maße im Überblick. Abweichende Angaben für Größe 38/40 bzw. 42/44 stehen in Klammern bzw. hinter der Klammer. Ist nur eine Angabe gemacht, so gilt diese für alle Größen.
Rückenteil: 68 (76) 84 Maschen anschlagen (▸ 6) und für die Blende 4 Reihen kraus rechts stricken. Danach in der Musterfolge weiterarbeiten. Gleichzeitig für die Taillierung ab Blende beidseitig 3 x in jeder 6. Reihe je 1 Masche abnehmen wie folgt: Am rechten Rand die beiden Maschen nach der Randmasche überzogen zusammenstricken (Bild 3), am linken Rand die beiden Maschen vor der Randmasche rechts zusammenstricken (▸ 16) = 62 (70) 78 Maschen.

Grundkurs

Lochmuster stricken
Bei Lochmuster 1 werden im Wechsel 2 Maschen rechts zusammengestrickt (▸ 16) und ein Umschlag gebildet.
Umschlag bilden
1. Einen Umschlag arbeiten heißt: Den Faden von vorne nach hinten

über die rechte Nadel legen. Nach dem Umschlag werden bei Lochmuster 1 als Ausgleich zwei Maschen rechts zusammengestrickt (▶ 16).

2. In den Rückreihen den Umschlag links stricken, d. h. ihn wie eine Masche behandeln und links abstricken. Bei Lochmuster 2 werden im Wechsel ein Umschlag und ein Überzug gearbeitet.

Überzug stricken

3. Für den Überzug eine Masche wie zum Rechtsstricken abheben, die folgende Masche rechts stricken und die abgehobene Masche darüber ziehen. In den Rückreihen auch hier alle Maschen und Umschläge links stricken.

4. Aus dem Wechsel von zwei rechts zusammengestrickten Maschen und einem Umschlag bei Lochmuster 1 bzw. dem Wechsel von Umschlag und Überzug bei Lochmuster 2 ergeben sich die dekorativen Gitter-Strukturen, die jeweils eine andere Schrägung aufweisen.

Nach den 31,5 (31,5) 33,5 cm = 84 (84) 90 Reihen der Musterfolge noch 4 Reihen kraus rechts arbeiten, dann alle Maschen abketten.

Vorderteil: Genauso beginnen, jedoch einen Neckholder anstricken. Dafür nach der letzten Reihe der Musterfolge weiterhin glatt rechts arbeiten. Für die Armausschnitte nach 33 (33) 35 cm = 88 (88) 94 Reihen ab Blende beidseitig in jeder 2. Reihe 1 x 8 und 1 x 7 Maschen abketten = 32 (40) 48 Maschen. Für den V-Ausschnitt nach 34 (34) 36 cm = 90 (90) 96 Reihen ab Blende die Arbeit in der Mitte teilen und beide Seiten getrennt beenden (▶ 34). Für die Schrägung am inneren Rand 7 (7) 11 x in jeder 6. (6.) 4. Reihe je 1 Masche abketten. Die restlichen je 9 (13) 13 Trägermaschen nach 57 (57) 60 cm = 148 (148) 156 Reihen ab Blende abketten.

Fertigstellung: Die Trägernaht im Maschenstich (▶ 58), Seitennähte im Matratzenstich (▶ 59) schließen. Die Träger- und Armauschnittränder mit 1 Runde Krebsmaschen (▶ 50) umhäkeln.

Projekt 14

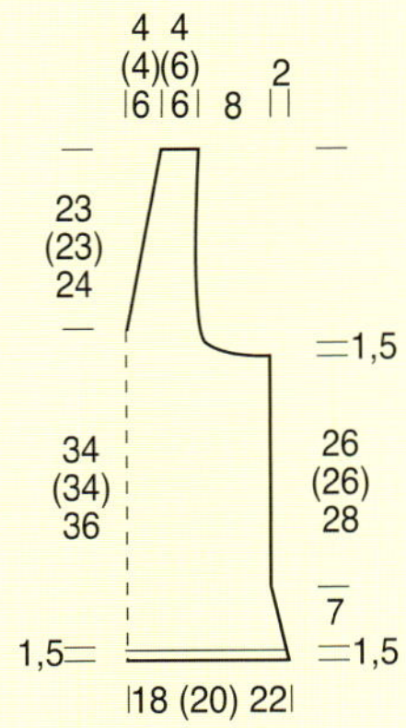

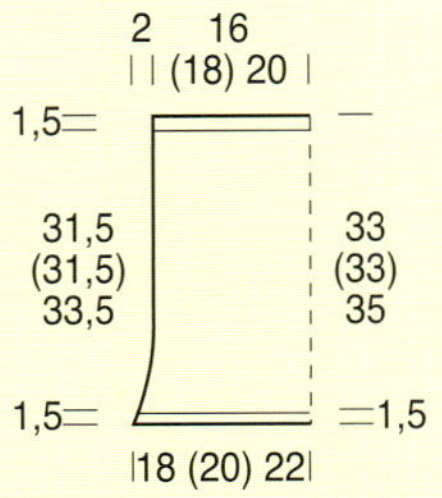

Strickschrift 1

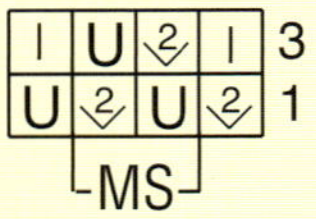

Strickschrift 2

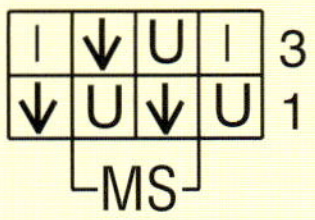

Zeichenerklärung:

- I = 1 Masche rechts (▸ 6)
- U = 1 Umschlag (▸ 52)
- 2 = 2 Maschen rechts zusammenstricken (▸ 16)
- ↓ = 1 Überzug: 1 Masche abheben, 1 Masche rechts stricken und die abgehobene Masche darüber ziehen

Neckholder-Top meliert

Bei diesem Garn wechselt etwa alle 10 cm die Farbe im Faden und so ändert sich beim Stricken alle vier bis fünf Maschen der Ton. Das Ergebnis: interessante Farbeffekte!

Größe:
34/36, 38/40, 42/44

Material:

- „Stop" von Lana Grossa (50 % Viskose, 50 % Acryl, Lauflänge = 105 m/50 g): ca. 250 g Türkis-Weiß-Flieder Print 406
- Stricknadeln Nr. 4
- Häkelnadel Nr. 4

Muster, Maschenprobe, Anleitung, Schnitt und Strickschriften: wie Neckholder-Top in Türkis auf Seite 52.

Tipps für den Waschtag:

Bitte Banderolen beachten!
Auf der Garnbanderole finden Sie die Pflegekennzeichen, die Ihnen ganz genau sagen, was in Sachen Wäsche, Bügeln, chemische Reinigung und Trocknen möglich ist.

Maschinenwäsche
Je weniger Wäsche in der Trommel, desto geringer die Reibung. Waschen Sie Selbstgestricktes am besten solo, auf links gezogen und nicht im Wäschesack – vorausgesetzt, Maschinenwäsche ist erlaubt! Verzichten Sie auf Weichspüler, der nimmt Wolle die Spannkraft.

Handwäsche
Bitte nie lange einweichen, dann quellen die Fasern zu stark. Wringen, drücken oder zerren schadet der Faserstruktur; Wolle wird filzig. Also: handwarmes Wasser, wenig Waschmittel gut auflösen, das Strickstück locker durchdrücken, nicht allzu lange waschen, ausgiebig mit viel Wasser ausspülen, nicht wringen, sondern ausdrücken, und vorsichtig in Handtücher einrollen.

Projekt 15

Mein Lieblingsplatz

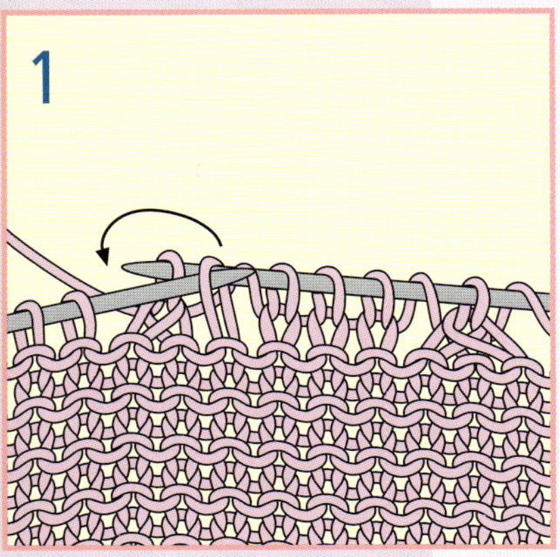

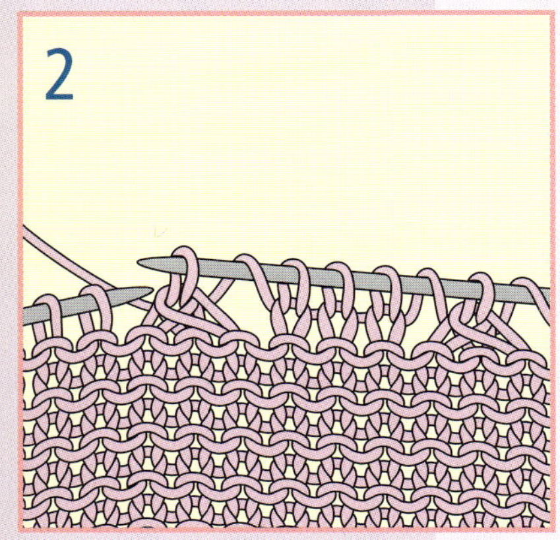

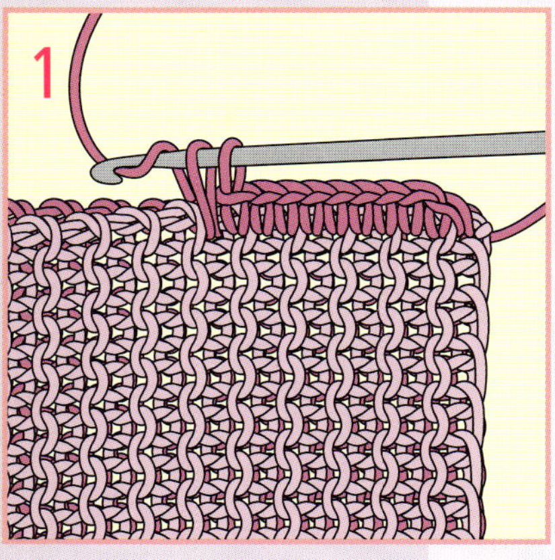

Schema

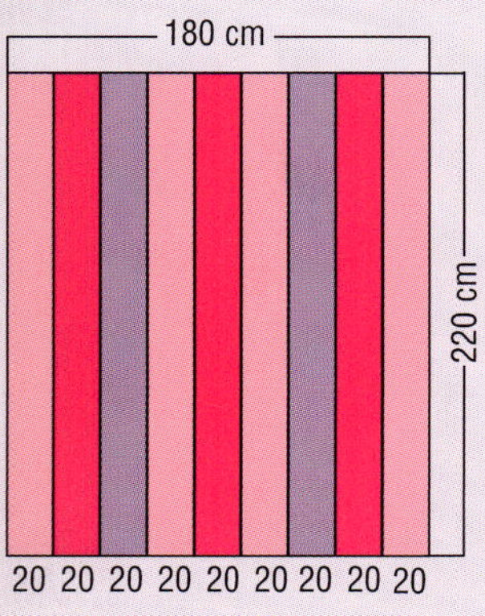

Die flauschige Wohndecke mit passenden Kissen wird in Bahnen genadelt, so wird das Strickstück nie zu groß. Keine Angst vor den langen Nähten, sie werden gehäkelt, und das geht ruck, zuck.

Blattmuster-Decke mit Kissen

Größe:
ca. 180 x 220 cm und 40 x 40 cm

Material:
- „Fumo" von Lana Grossa (29 % Merino, 20 % Kid Mohair, 28 % Acryl, 23 % Polyamid, Lauflänge 120 m/50 g):

Decke:
- ca. 450 g Rosa 4, 400 g Pink 7, 250 g Flieder 6

drei Kissen:
- ca. 350 g Pink 7
- Stricknadeln Nr. 5
- Häkelnadel Nr. 5

Kraus rechts: Hin- und Rückreihe rechte Maschen (▸ 8).
Blattmuster: Laut Strickschrift arbeiten (▸ 28). Es sind nur Hinreihen gezeichnet, in den Rückreihen alle Maschen und Umschläge links stricken. Mit den Maschen vor dem Mustersatz beginnen, den Mustersatz stets wiederholen, enden mit den Maschen nach dem Mustersatz. Die 1.–8. Reihe stets wiederholen.
Maschenprobe (▸ 12): 13 Maschen und 20 Reihen = 10 x 10 cm.

So wird es gemacht:

Decke:
Die Decke wird in 9 Bahnen à 20 cm Breite und 220 cm Länge gestrickt. Für eine Bahn 27 Maschen anschlagen (▸ 6) und zunächst zwischen den Randmaschen 12 Reihen (= 4,5 cm) kraus rechts stricken. Danach das Blattmuster stricken. Im Muster wird mit doppeltem Überzug gearbeitet.

Grundkurs

Doppelter Überzug
1. Zunächst eine Masche wie zum Rechtsstricken abheben und die beiden folgenden Maschen rechts zusammenstricken (▸ 16).
2. Dann die abgehobene Masche darüber ziehen. In den Rückreihen wird diese Masche links gestrickt.

Nach ca. 211 cm Länge ab kraus rechts noch 12 Reihen kraus rechts stricken, dann alle Maschen abketten (▸ 10). In dieser Weise insgesamt 9 Bahnen stricken und zwar drei in Pink, vier in Rosa und zwei in Flieder. Die Fäden vernähen (▸ 30). Die Bahnen wie im Schema gezeigt aneinander häkeln.

Grundkurs

Gehäkelte Naht
1. Zwei Teile rechts auf rechts aufeinander legen. Mit der Häkelnadel zwischen den Randmaschen und den ersten Maschen beider Teile durchstechen und den Faden zur Schlinge holen. *In der folgenden gestrickten Reihe wieder zwischen Randmasche und 1. Masche durch beide Teile stechen und eine Schlinge durchholen. Den Faden um die Häkelnadel legen und durch beide Schlingen ziehen *, also eine feste Masche arbeiten. Den Ablauf von * zu * stets wiederholen. Die Häkelnaht wird schöner, wenn nicht in jede Reihe eine feste Masche kommt, also immer mal wieder eine Reihe übersprungen wird.

Kissen:
Für ein Kissen 51 Maschen anschlagen (▸ 6) und im Blattmuster stricken. Nach 176 Reihen = 88 cm noch 6 Reihen = 2,5 cm kraus rechts stricken, dann alle Maschen abketten (▸ 10). Nun das Strickteil rechts auf rechts zusammenlegen, so dass eine Tasche von 40 x 40 cm entsteht. Oben stehen 8 cm für den Umschlag über. Diesen nach innen zwischen Vorder- und Rückenteil schieben. Entlang der äußeren Kante rechts und links die Naht

mit Steppstichen (▸ 8) schließen. Beim Umschlag wird dabei durch drei Strickteile hindurch genäht. Die Kissenhülle wenden, so dass die Nähte nun innen liegen, den Umschlag über die Öffnung legen.

Strickschrift

+	I	U	2	I	↓	U	I	U	2	I	↓	U	I	+	7
+	↓	U	I	I	I	U	↑	U	I	I	I	U	2	+	5
+	I	↓	U	I	U	2	I	↓	U	I	U	2	I	+	3
+	I	I	U	↑	U	I	I	I	U	↑	U	I	I	+	1

MS

Zeichenerklärung:

+ = Randmasche (▸ 10)
I = 1 Masche rechts (▸ 6)
U = 1 Umschlag (▸ 52)
2 = 2 Maschen rechts zusammenstricken (▸ 16)
↓ = 1 Überzug: 1 Masche abheben, 1 Masche rechts stricken und die abgehobene Masche darüber ziehen (▸ 52)
↑ = 1 doppelter Überzug: 1 Masche abheben, 2 Maschen rechts zusammenstricken (▸ 16) und die abgehobene Masche darüber ziehen

Das richtige Maß

Damit die selbst gestrickten Pullis und Jacken auch passen: Bitte nachmessen! In den Größentabellen unten finden Sie dann die Größe, die den ermittelten Körpermaßen entspricht. Zu jeder Anleitung gehört außerdem ein Schnitt, der alle Maße im Überblick zeigt. Vergleichen Sie diese Angaben mit Ihrem Lieblingspulli und Sie können abschätzen, wie das Modell bei Ihnen sitzen wird.

Maßnehmen

Brustumfang: Einmal rundum auf Brusthöhe gemessen.

Taillenweite: Schön locker ohne zu schnüren einmal rund um die Taille gemessen.

Hüftweite: Waagerecht einmal rund herum an der stärksten Stelle gemessen.

Maßtabellen

Die Maßtabellen helfen bei der Auswahl der richtigen Größe. Vergleichen Sie die gemessenen Körpermaße mit den Werten in den Tabellen.

Damengrößen

Größe	34	36	38	40	42	44	46	48	50	52	54
Oberweite	82	84	88	92	96	100	104	108	112	116	120
Taillenweite	62	64	68	72	77	82	87	92	97	102	107
Hüftweite	88	90	94	98	102	106	110	114	118	122	126

Herrengrößen

Größe	46	48	50	52	54	56
Brustweite	92	96	100	104	108	112
Bundweite	80	84	88	92	96	100
Hüftweite	96	100	104	108	112	116

Baby- und Kindergrößen

Größe	56	62	68	74	80	86	92	98	104	110	116	122	128	134	140	146	152	158	164
Oberweite	44	46	48	50	52	54	56	58	60	62	64	66	68	70	72	74	76	80	84
Taillenweite	44	46	48	50	51	52	53	57	58	59	60	61	62	63	64	64	65	65	66
Hüftweite	46	48	50	52	54	56	58	62	64	66	68	70	72	74	78	79	82	85	88

Strickteile zusammenfügen

Sind alle Teile gestrickt, dann geht es ans Zusammennähen. Damit die Nähte unauffällig, fest und dennoch elastisch sind, werden dabei unterschiedliche Stiche verwendet. Beim Einsetzen der Ärmel sorgfältig darauf achten, dass die Mitte stimmt, sonst sitzt er später nicht korrekt.

Grundkurs

Maschenstich

Diese Naht eignet sich besonders für das Zusammennähen abgeketteter Kanten, z. B. an den Schulternähten. Sie ist schön flach und bildet sozusagen eine genähte Maschenlinie.

1. Die Abkettränder flach gegeneinander legen, die Vorderseiten liegen oben. An einer Kante beginnen, durch die halbe Randmasche des unteren Teils stechen und den Faden durchziehen. Nun in die Randmasche des oberen Teils einstechen und in der Mitte der nächsten Masche (unterhalb des Abkettrands) wieder ausstechen. Wie mit Pfeilen in der Abbildung gezeigt, auch beim unteren Teil mit der Nadel jeweils in eine Masche unterhalb der Abkett-Reihe einstechen und bei der nächsten wieder ausstechen.

2. Beim oberen Teil wiederum versetzt arbeiten, d. h. bei der Masche unter der Abkettreihe ein Maschenglied der letzten und ein Maschenglied der nächsten Masche erfassen, dabei jeweils durch die Mitte zweier Maschen

Strickteile zusammenfügen

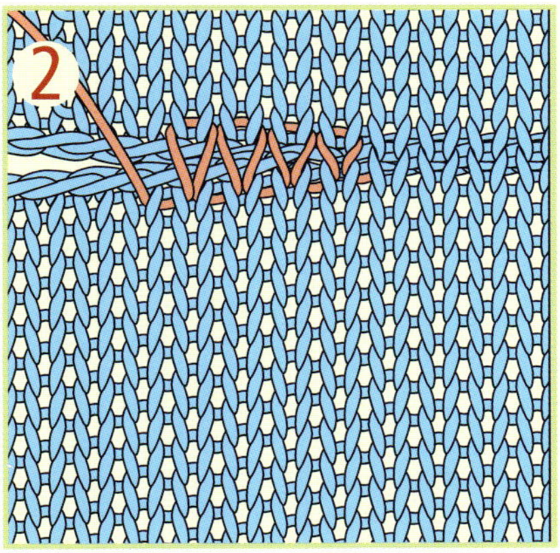

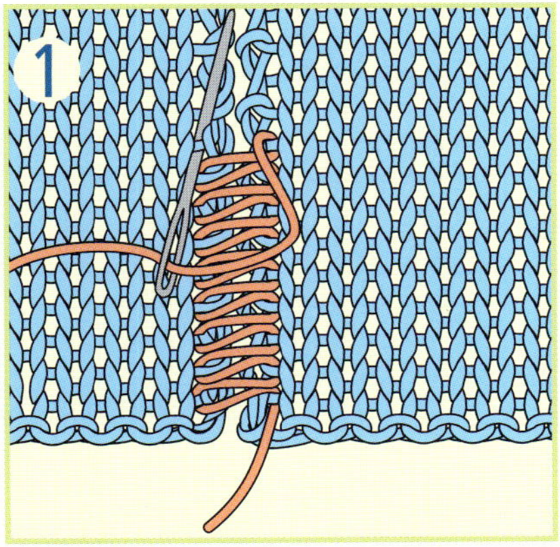

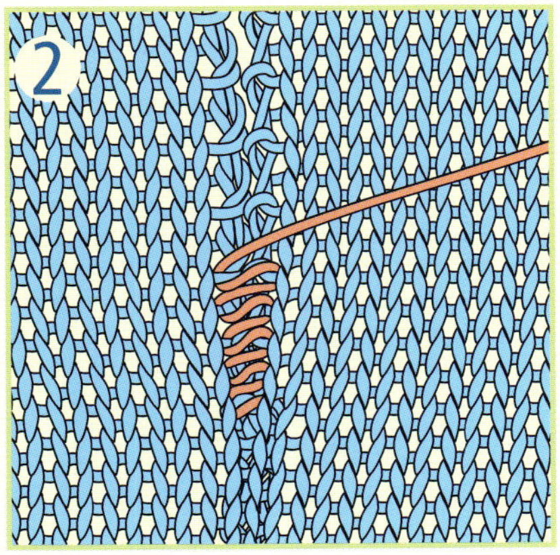

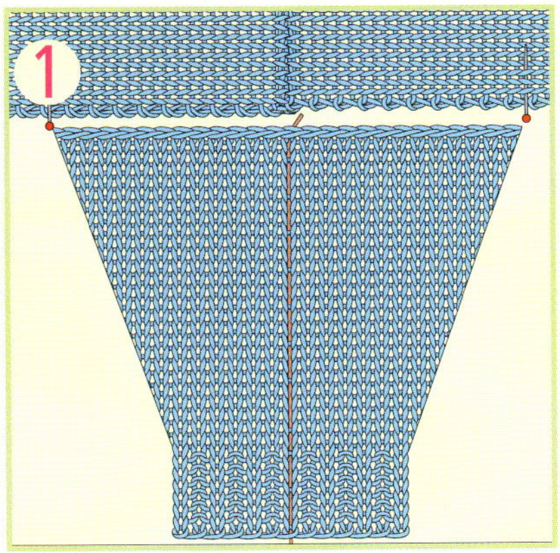

stechen. Nach jeweils etwa 2 cm den Faden anziehen. Die Maschenglieder ziehen sich dabei so ineinander, dass ein durchgehendes Maschenbild entsteht.

Grundkurs

Matratzenstich

Eine vielseitige Naht, die schön flach liegt und das exakte Aufeinandertreffen von Farb- oder Musterstreifen ermöglicht, da sie auf der Vorderseite gearbeitet wird. Sie wird zum Beispiel zum Schließen der seitlichen Nähte oder der Ärmelnähte eingesetzt.

1. Vorder- und Rückenteil mit der Vorderseite nach oben parallel nebeneinander legen; die Ärmelschrägungen parallel gegeneinander legen. Mit der Nadel den Querfaden zwischen der Randmasche und der ersten Masche erfassen, Faden durchziehen. Auf der anderen Seite den gegenüberliegenden Querfaden zwischen Randmasche und erster Masche erfassen und Faden durchziehen. Diesen Vorgang abwechselnd einmal auf der einen, dann auf der anderen Seite wiederholen.

2. Nach ca. 2 cm den Arbeitsfaden anziehen, damit sich die Strickteile übergangslos aneinander fügen.

Grundkurs

Gerade Ärmel einsetzen

Bei geraden Ärmeln zunächst den offenen Ärmel an Vorder- und Rückenteil nähen und dann Ärmel- und Seitennaht in einem Stück schließen.

1. Zuerst die Ärmelmitte markieren. Die Teile werden mit der rechten Seite nach außen zusammengenäht. Den Ärmel mit Stecknadeln an Vorder- und Rückenteilkante fixieren, die Ärmelmitte trifft auf die Schulternaht, die im Maschenstich geschlossen wurde. Dabei am Ärmel jeweils eine Masche unterhalb des Abkettrands erfassen, bei Vorder- und Rückenteil jeweils zwei Querfäden zwischen der Randmasche und der ersten Masche erfassen. Da Maschen und Reihen unterschiedlich breit sind, erfasst man ab und zu nur einen Querfaden.

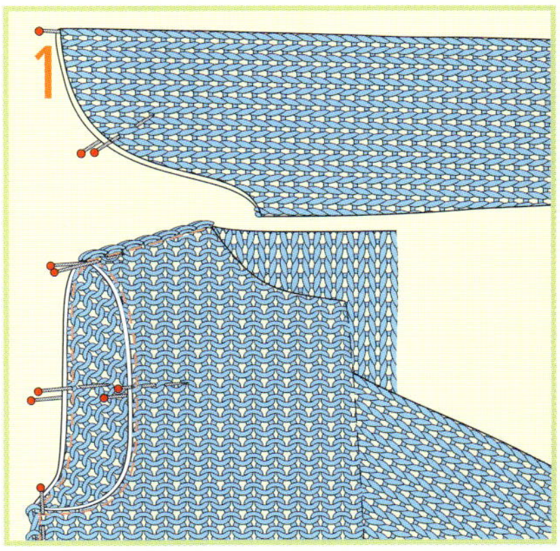

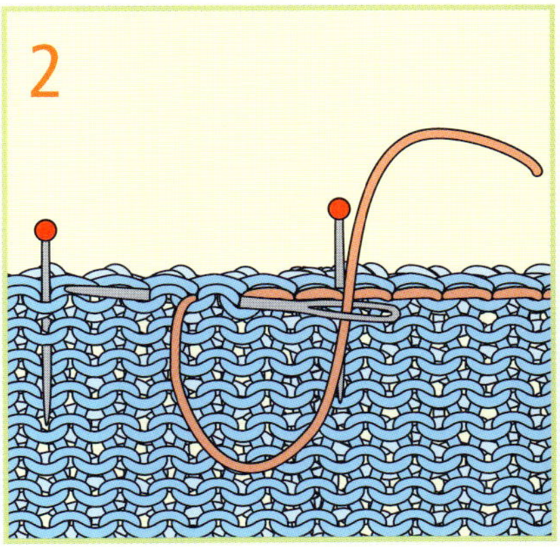

Grundkurs

Ärmel mit Armkugel einsetzen

Zunächst die gerade Ärmelnaht schließen.

1. Die Ärmelmitte markieren. Den Ärmel rechts auf rechts an die Schulternaht legen und mit Stecknadeln befestigen, die Ärmelmitte trifft auf die Schulternaht. Von der Mitte ausgehend den Ärmel mit Stecknadeln im Armausschnitt fixieren, dabei die Ärmelweite gleichmäßig verteilen. Die untere Ärmelnaht trifft auf die Seitennaht.

2. Hier wird eine Steppnaht gearbeitet (ausstechen, einen Rückstich arbeiten und links vor der Ausstichstelle wieder ausstechen). Die Steppline soll unterhalb des Abkettrands verlaufen. Beim Ein- und Ausstechen möglichst nur zwischen die Maschen stechen, den Faden selbst also nicht durchstechen. Überprüfen Sie ab und zu den Verlauf und das Aussehen der Naht auf der Vorderseite.

Erste Hilfe

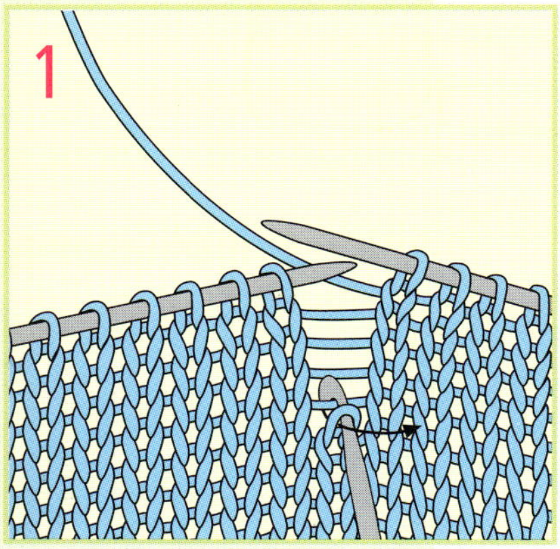

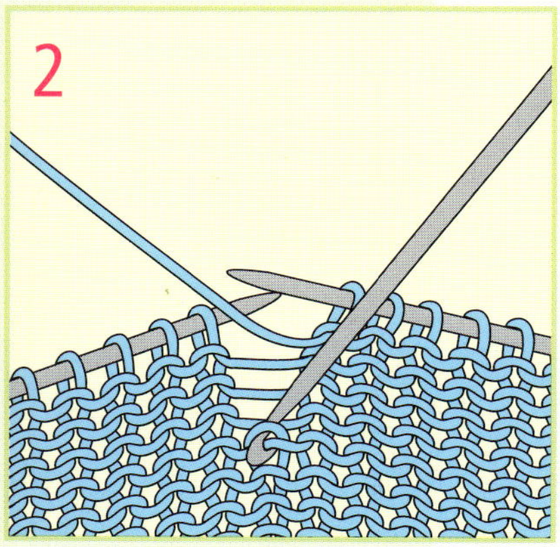

Übung macht die Meisterin – das gilt auch fürs Stricken! Und wenn doch mal etwas schief geht, gibt es (meistens) Rettung.

Grundkurs

Laufmasche aufheben

Ist einmal eine Masche von der Nadel gerutscht und dann auch noch einige Reihen tiefer gefallen, lässt sich das mit einer Häkelnadel wieder in Ordnung bringen.

1. Bei rechten Maschen: Die gefallene Masche von vorne auf eine Häkelnadel nehmen und den darüber liegenden Querfaden durchholen.

2. Bei linken Maschen: Von hinten in die gefallene Masche einstechen und den darüber liegenden Querfaden von vorn nach hinten durch die Masche ziehen.

Diesen Vorgang jeweils wiederholen bis die Masche wieder auf die Stricknadel gehängt werden kann. Bei kraus rechts gestrickten Reihen die Laufmasche entsprechend des Maschenbilds abwechselnd rechts und links hochhäkeln. Bei Mustermaschen die gefallene Masche mit einer Sicherheitsnadel sichern, dann bis zu dieser Stelle rückwärts stricken, die Masche wieder einfügen und das Muster fortsetzen.

Ist eine einzelne Masche falsch gearbeitet und fällt dies erst einige Reihen später auf, hilft das gezielte Fallenlassen der über dem Fehler liegenden Masche(n). Die Masche bis zum Fehler laufen lassen und dann wie beschrieben wieder hochholen, dabei den Fehler korrigieren.

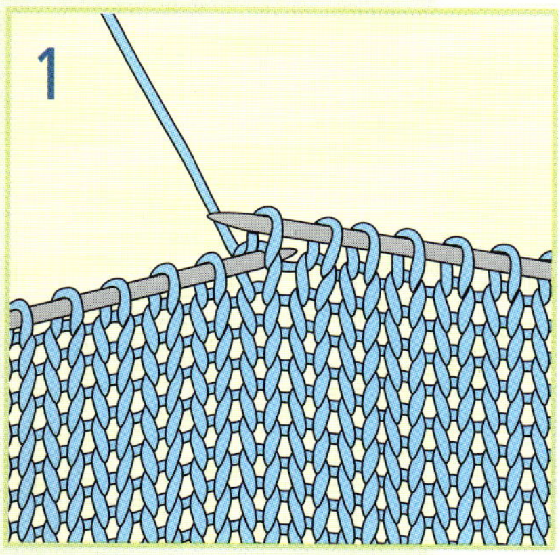

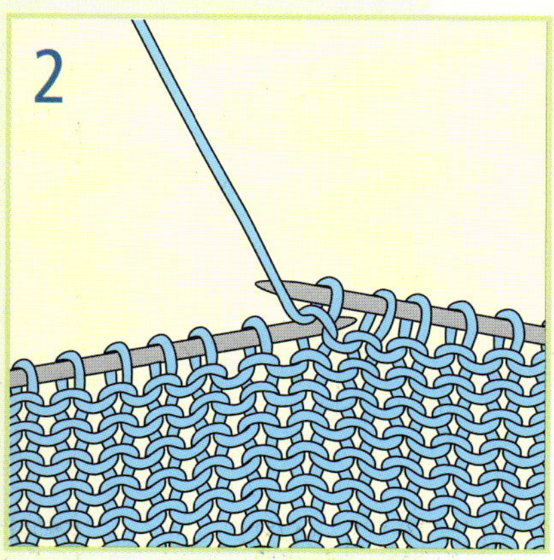

Grundkurs

Rückwärtsstricken

Hat sich ein Fehler eingeschlichen und wird dies erst einige Maschen später bemerkt? Wer jetzt die Nadeln aus der Arbeit zieht und aufribbelt, hat Schwierigkeiten, wirklich alle Maschen wieder ordentlich aufzunehmen. Viel sicherer ist es, rückwärts zu stricken.

1. Rechte Maschen rückwärtsstricken: Der Faden liegt hinter der Arbeit. Mit der linken Nadel von vorn in die Masche unter der letzten Masche der rechten Nadel einstechen und diese auf die linke Nadel heben. Den Arbeitsfaden anziehen und so die Masche auflösen.

2. Linke Maschen rückwärtsstricken: Der Faden liegt hinter der Arbeit. Mit der linken Nadel von vorn in die Masche unter der letzten Masche der rechten Nadel einstechen und diese auf die linke Nadel heben. Den Arbeitsfaden anziehen und so die Masche auflösen.

Kleine Helfer

Dieses Spezialwerkzeug aus dem Handarbeitsfachhandel hilft Pannen zu vermeiden:

Maschenraffer: Sie sehen aus wie extra lange Sicherheitsnadeln und funktionieren auch nach dem gleichen Prinzip wie ihre kleinen Vorbilder. Auf ihnen lassen sich Maschen wirklich sicher stilllegen, wenn es zum Beispiel darum geht, die Seiten getrennt zu beenden (▸ 34).

Maschenstopper: Wenn Sie Ihre Strickarbeit mal beiseite legen oder außer Haus mitnehmen, verhindern Maschenstopper, dass die Maschen von den Nadeln rutschen. Sie werden einfach auf die Stricknadeln aufgesteckt. Ein halbierter Weinkorken tut zwar den gleichen Dienst, die Maschenstopper aus dem Fachhandel sind jedoch aus Gummi vorgeformt, fröhlich bunt und es gibt sie sogar in Bärchenform.

Zopfnadeln: Kurz und in der Mitte gebogen sind diese Hilfsnadeln wirklich ein Segen, wenn es ums Zöpfe stricken geht (▸ 38). Die Vertiefung in der Mitte sorgt dafür, dass die „geparkten" Maschen nicht herunter rutschen.

Maschenmarkierer: Sie sehen ein wenig aus wie kleine bunte Büroklammern, werden während des Strickens in Maschen eingehängt und lassen sich auch wieder blitzschnell entfernen. Damit können Sie z. B. Mustersätze in Strickschriften (▸ 28) kennzeichnen, Knopflöcher (▸ 50) platzieren oder beim Rundstricken (▸ 14) den Rundenbeginn kennzeichnen.

MEILENWEIT
INCA
SCALA
MAGICO
MODE MIT WOLLE
LANA GROSSA
MEILENWEIT VON LANA GROSSA.
EINFACH DRAUF LOSSTRICKEN,
DAS MUSTER KOMMT AUS DEM KNÄUEL.
Lana Grossa Wolle gibt es im gehobenen Fachhandel.
www. lanagrossa.de

Bezugsquellenverzeichnis

Alle Garne:
Lana Grossa GmbH
Ingolstädter Str. 86
D-85080 Gaimersheim
www.lanagrossa.de
Alle Materialien erhältlich in führenden Fachgeschäften in Deutschland, Österreich, Schweiz, Luxemburg, Belgien und den Niederlanden. Adressen in Ihrer Nähe erhalten Sie über das Verzeichnis im Internet.

Accessoires und Kleidung von:
Bijou Brigitte, Hamburg (Tuch, Kette und Uhr Seite 27, Armband Seite 43); C & A, Düsseldorf (Hose und Handschuhe Seite 25); Car Selbstbaumöbel, Henstedt-Ulzburg (Stuhl Seite 45); Closed Bellini Warenvertriebsgesellschaft GmbH, Hamburg (Mantel, Hose, T-Shirt Seite 17); Esprit de Corp GmbH, Ratingen (Rock Seite 55); Hennes & Mauritz, München (Mütze Seite 25); Ikea Einrichtungshaus GmbH (Sofa Seite 7 und 57); JAKO-O, Bad Rodach (Fleece Seite 19 und 39); Jim Knopf, Knopfhandel & Design Ute Holk, Offenbach (Knöpfe Seite 49 und 51); KnorrPrandell GmbH, über den Hobby- und Bastelfachhandel (Füllwatte Seite 21 und 23); Noa Noa, München (Rock und Bluse Seite 51, Rock Seite 53); Otto Versand GmbH & Co. KG, Hamburg (Gürtel und Stiefel Seite 41, Stiefel Seite 51) Pomp Art, München (Schmuck Seite 49); Prym Consumer GmbH & Co. KG, Stolberg (Strick- und Häkelnadeln, Taschengriffe Seite 28); S. Oliver, Rottendorf (Jacke Seite 15, Jeans Seite 27); Tandem, TAM Deutschland GmbH, Bühl (Rock Seite 41, Rock und Bluse Seite 49)

Impressum

Konzept und Anleitungen:
Janne Graf

Entwürfe:
Janne Graf;
Seite 25/27 nach einer Idee von Petra Bäck;
Seite 35/37 und 53/55 nach einer Idee von Sabine Ruf;
Seite 41/43 nach einer Idee von Dagmar Scholz

Lehrgangszeichnungen:
www.digitale-handarbeit.de,
Brigitte Fischer; außer:
Seite 46/47 von Werner Schultze

Lektorat und Fachkorrektur:
Maria Böhly-Maier

Redaktion:
Janne Graf; Anke Sturm

Fotos:
Axel Kohlhaas (Seite 5 (oben));
privat: (Seite 5 (unten));
Uli Glasemann (Seite 7, 9, 13, 21, 23, 29, 31, 33, 39, 57);
Peter Münnich (Seite 11, 15, 17, 25, 27, 35, 37, 41, 43, 49, 51, 53, 55);
Hermann Mareth (Seite 19, 45, 47)

Styling:
Elke Reith (Seite 7, 9, 13, 19, 21, 23, 29, 31, 33, 39, 45, 47, 57);
Marliese Vogt (Seite 11, 15, 17, 25, 27, 35, 37, 41, 43, 49, 51, 53, 55)

Strickschriften, Zählmuster und Schnitte:
www.heydesign.de, Isabell Rinner

Schäfchen-Illustrationen:
Werner Schultze

Umschlaggestaltung:
Stefan Hagen

Layout:
www.heydesign.de, Isabell Rinner

Reproduktion:
Baun PrePress, Fellbach

Druck und Bindung:
J. P. Himmer, Augsburg

ISBN 978-3-89858-747-1
(gültig ab 1.1.2007)
ISBN 3-89858-747-9

Autoren und Verlag haben die größtmögliche Sorgfalt walten lassen, um sicherzustellen, dass alle Angaben und Anleitungen korrekt sind, können jedoch im Falle unrichtiger Angaben keinerlei Haftung für eventuelle Folgen, direkte oder indirekte, übernehmen. Die gezeigten Materialien sind zeitlich unverbindlich. Der Verlag übernimmt für Verfügbarkeit und Lieferbarkeit keine Gewähr und keine Haftung.
Farbe und Helligkeit der in diesem Buch gezeigten Garne, Materialien und Modelle können von den jeweiligen Originalen abweichen. Die bildliche Darstellung ist nicht verbindlich. Der Verlag übernimmt keine Gewähr und keine Haftung.

Creativ-Hotline

Wir sind für Sie da!

Unsere Fachberaterinnen helfen Ihnen weiter: Montag bis Freitag 10 - 16 Uhr unter der Telefonnummer 0 76 23/9 64-417

Oder schicken Sie eine Postkarte an: OZ Verlag GmbH, Leser-Service, Römerstr. 90, 79618 Rheinfelden